U0553294

大数据时代
个人数据隐私规制

PRIVACY REGULATORY OF
PERSONAL DATA ON THE CONTEXT OF
BIG DATA

王 忠 著

社会科学文献出版社
SOCIAL SCIENCES ACADEMIC PRESS (CHINA)

作者简介

王忠：汉族，湖南湘阴人，北京社会科学院助理研究员，主要研究方向为技术经济。2011年获得天津大学管理学博士学位。博士毕业后，曾在工业和信息化部电子科学技术情报研究所任职，后进入清华大学经济所从事博士后研究，出站后进入北京社会科学院。从事研究工作以来，在国内外核心刊物上发表论文十多篇，如《美国网络隐私保护框架的启示》《美国推动大数据技术发展的战略价值及启示》《印度电子信息产业政策研究》等，并获得中国博士后科学基金一等资助及国家自然科学基金青年项目资助。

国家自然科学基金资助项目：大数据商业模式、
产业链治理及公共政策研究（编号：71302020）
Project Big Data Business Model, Industry Chain Governance
and Public Policy Supported by National Natural Science
Foundation of China

中国博士后科学基金资助项目：大数据环境下个人数据的
隐私规制研究（编号：2013M540108）
Project Privacy Regulatory of Personal Data in the Context of
Big Data supported by China Postdoctoral Science Foundation

内容摘要

个人数据成为当今大数据产业发展的重要基础资源之一，需求日趋旺盛。而个人数据的被滥用和黑市交易的普遍存在，使保护个人数据隐私的呼声日益高涨。面对这一供需矛盾，大数据时代科技、产业及社会发展急需完善个人数据的隐私规制。

本项研究首先进行隐私规制总体设计，明确隐私规制的目标、机制构成及其内在关系；其次，针对销售许可机制研究、隐私泄露举报机制研究和隐私泄露溯源机制三大主要机制开展研究，对机制作用机理进行了分析，并进行了具体机制设计；最后，在以上研究基础上提出了个人数据隐私规制的政策建议。本项研究希望在平衡产业创新和隐私保护的同时，为促进大数据产业健康发展提供理论指导。

关键词：个人数据；大数据；隐私；规制

Abstract

Personal data become one of the important basic resources of the Big Data industry development, and its demand is rising. The personal data is misused and the black market is widespread and rampant, which makes the personal data privacy protection is growing. Facing with the conflict between supply and demand, the technology, industrial and social development of the Big Data era urgently needs to improve the personal data privacy regulation.

Firstly, the overall design of the privacy regulation was conducted, the first study conducted is the overall design of the privacy regulation, which made a clear privacy regulation goal, mechanism constitute and its intrinsic relationship; Secondly, the three main mechanisms were studied, that is, the marketing authorization mechanism, the privacy disclosure reporting mechanism and the traceability mechanism. The active mechanism was analyzed and a specific mechanism was designed. Finally, on the basis of the above studies, the personal data privacy regulation policy recommendations were raised. This study hopes to balance the industrial innovation and the privacy protection, to provide the theoretical guidance for promoting the healthy development of the Big Data at the same time.

Keywords: Personal data; Big Data; Privacy; Regulation

目　录

1 为什么要重视大数据下的个人隐私

个人数据成为大数据产业发展的重要基础资源之一，需求日趋旺盛。而个人数据被滥用日渐猖獗和黑市交易普遍存在，使隐私保护呼声日益高涨。面对这一供需矛盾，大数据产业发展急需完善个人数据的隐私规制。

1.1 大数据带来的挑战

（1）在大数据发展成为国家战略的背景下，个人数据成为重要资源，其使用中面临的隐私保护问题亟待解决。

大数据浪潮汹涌来袭，与互联网的发明一样，不仅仅是信息技术领域的革命，更是在全球范围启动透明政府、加速企业创新、引领社会变革的利器[1]。2012 年 3 月，奥巴马政府发布了"大数据研究和发展计划"，旨在提升美国从庞大而复杂的数字资料中提炼真知灼见的能力，以协助科学、工程领域加快创新步伐，强化美国国土安全，转变教育和学习模式[2]。2012 年 5 月，英国政府宣布建立世界首个开放数据研究所，旨在从开放数据中寻求产品创新、创业机遇和经济增长点①。在发达国家纷纷将大数据发展上升为国家战略的背景下，无论是技术还是产业，在大数据领域丧失主动权，都意味着国家安全将在数字空间出现漏洞，国家创新能力将在未来国际竞争中落后于人。

大数据的原材料即数据，其来源主要有四类：一是网络。社交网站以及电子商务网站是大数据主要来源，服务提供商可以利用这些数据对用户进行仔细的分析，从而深入了解用户的需求，提供更加具有针对性的服务，如亚马逊、京东等电子商务平台提供的商品推荐服务。二是移动智能终端。通过智能手机、平板电脑、电子书、PDA、导航仪等移动互联网终端设备搜集相关信息[3]，可以进行有效的决策，比如交通监控和疏导系统[4]。三是物联网终端。分布在不同地理位置上的传感器以及嵌入物体中的RFID，对所处环境进行感知，不断生成数据[5]。四是科研。如物理研究方面，大型强子对撞机每年积累的新数据量为 15PB 左右[6]。显而易见，数据来源中不少是个人数据。个人数据的大数据分析能直接产生经济效益，是现阶段极为重要的基础资源。大

---

① 英国政府十万英镑建立世界首个开放数据研究所，2012 年 5 月 24 日 9：56：12，来源：国际在线。http：//gb.cri.cn/27824/2012/05/24/5951s3696983.htm。

数据的发展可能使个人隐私无所遁形，以至于国外隐私保护主义者担忧出现"Big Data is Big Brother"（美国著名小说《1984》中的独裁者老大哥，随时监控着人们）的情况。只有解除这一担忧，才能给大数据发展扫清道路。

（2）面对日益增长的需求，个人数据黑市交易普遍存在，隐私规制不健全成为制约大数据产业发展的重要障碍。

个人数据带来的创富机会，是大数据创新、创业的重要基础资源。然而，隐私问题使个人数据的利用受到种种限制，从而制约了大数据的发展。必须有合理的规制解决大数据发展过程中的隐私问题，才能使数据像资本、土地等生产要素一样实现自由流动。

目前，各行各业对个人数据存在强烈的需求。政府公共政策的制定和社会管理职能的实施、企业发展战略和营销策略的制定，都需要大量的相关数据。公共部门有一定的途径和条件获取所需的数据，企业的数据获取和使用受到诸多管制，交易则不被法律所认可。因此，企业为了获取数据资源，不惜采取各种手段和方法，这也使得"黑市交易"有了生存的土壤。如2013年1月公安部组织全国21个省区市公安机关开展"12·5"专案收网行动，抓获侵害公民个人数据的嫌疑人1152名。不管政府如何加大管制力度，非法数据交易仍然屡禁不止。其结果首先是被侵害个人深受其害，进而影响整个市场的信用体系，乃至影响整个社会的信用体系。因此，在隐私规制的前提下，允许经过匿名或者化名处理的相关个人数据的合法交易，既有利于隐私保护，又有利于降低政府规制成本。

（3）国外已经在法律、技术、实践运作上初步形成了隐私保护机制，并已开始"试水"个人数据交易，但是中国在这方面仍缺乏理论依据和实践经验。

发达国家向来重视隐私保护立法，针对大数据产业发展后出现的隐私问题已经开始完善相关法律。美国于1986年颁布《电子通讯隐私法》（Electronic Commnication Privacy Act），规定通过截获、访问或泄露保存的通信信息侵害个人隐私权的情况、例外及责任；2012年以来，奥巴马政府力推《消费者隐私权法案》[7]（Consumer Privacy Bill of Rights）。欧盟尤其重视网络环境保护下的隐私保护立法，1995年制定的《欧盟隐私保护指令》① 是网络隐私权保护的重要法规，对网络环境下的隐私保护做了较为全面、系统的规定。在实践方面，美国的Personal公司就鼓励用户上传其数据，并通过出售数据获利。此外，美国的Factual公司推出数据超市，日本富士通建立了数据交易市场"Data Plaza"。这些数据交易市场的特点是对全部个人数据进行匿名化处理后进行交易。目前在Data Plaza买卖的数据包括购物网站上的购物记录、出租车上安装的传感器获得的交通堵塞、智能手机的位置信息、社交网站（SNS）的帖子等。

---

① 后文统一用《欧盟个人数据保护指令》。

中国人口众多，很多领域都能出现全球最大、最复杂的"数据池"，大数据应用前景十分广阔。国内不少企业家已经意识到了数据的战略价值，如阿里巴巴的马云就提出过销售数据的观点。[①] 预计中国很快也会出现类似的数据销售公司，个人数据交易隐私规制是中国必将面临的现实问题，目前急需相关的理论指导和实践经验借鉴。

（4）本文将对大数据环境下个人数据隐私规制开展研究，以完善个人数据的隐私规制，促进大数据产业发展。

本文在分析大数据环境下信息交易特点、现状的基础上，借鉴国外的经验和教训，对个人数据隐私规制进行总体设计，然后分别对个人数据交易的销售许可机制、隐私泄露举报机制、隐私泄露溯源机制进行深入分析。本项目综合运用博弈分析、案例分析等多种方法开展研究，力图在理论上进一步完善隐私规制的相关研究，在实践方面也能为政府、企业和个人提供借鉴。

1.2　什么是大数据

1.2.1　大数据

"大数据"（Big Data）包含了"海量数据"的含义，而且在内容上超越了海量数据。IDC 认为，某项技术要想成为大数据技术，

---

① 2012 年 9 月 9 日，马云在"网商大会"闭幕演讲中提到，阿里巴巴的三个发展阶段依次为：平台、金融、数据。

首先它必须是成本可承受的，其次它必须满足四个"V"判据中的两个，四个判据分别为：多样性（Variety），是指数据应包含结构化的和非结构化的数据；价值（Value），是指具有潜在价值但价值密度低的数据；体量（Volume），是指聚合在一起供分析的数据量必须是非常庞大的；速度（Velocity），是指数据处理的速度必须很快[8]。

大数据并不仅仅指作为处理对象的数据之量级不断增大，而是对一种新的数据（信息）搜集、处理和应用模式的描述[9]。因此，本书认为，大数据是指伴随着可作为处理对象的数据外延不断扩大，依靠物联网、云计算等新的数据搜集、传输和处理模式的一种新型数据挖掘和应用模式。大数据是指一种新的模式，更为贴切的表述应为"大数据模式"。后续章节中均以"大数据"来代指该概念。

1.2.2　个人数据

人类在生产生活中产生大量数据。对于数据的定义，目前分歧不大，普遍公认的是：能够通过设备（如计算机）自动处理、记录的信息①，可以是数字、文字、图像，也可以是计算机代码。而对于个人数据，则有较大分歧，代表性定义如下：

1981 年，欧洲理事会于斯特拉斯堡通过的《有关个人数据自动化处理的个人保护协定》（Convention for the Protection of Indi-

---

① 根据英国《1984 年数据保护法》（Data Protection Act of 1984）的定义。

viduals with Regard to Automatic Processing of Personal Data）对个人数据的定义给欧洲各国相关法律的制定提供了基础。该协定规定个人数据是指已识别或可识别的个人相关的任何信息。

1998 年英国制定的《数据保护法案》（Data Protection Act）中就"个人数据"做出的界定是：个人数据是指有关一个活着的自然人的数据组合，通过这些数据或者将这些数据与使用者占有的其他数据相结合，可以辨识该人，个人数据还包括有关该人的任何观点的表述和在涉及该人时使用者或他人的意图。

冰岛的《个人数据保护法》（Personal Data Act）中对"个人数据"的定义为：任何与已识别或可识别的自然人相关的信息，即可以直接或间接地追溯到特定的个人（包括在世的和离世的人）的信息。

日本的《个人信息保护法》（個人情報保護法）把"个人数据"界定为：个人数据指与生存着的个人有关的信息中因包含姓名、出生年月以及其他内容而可以识别出特定个人的部分。

中国香港特别行政区则将个人数据定义为：个人资料指符合以下说明的任何资料——直接或间接与一名在世的个人有关。

我国在个人数据的法律规制方面，并未制定专门的针对个人数据的法律。而从世界各国的相关法律对个人数据的定义而言，主要有两个要点，其一是个人数据的主体，其二是信息与个人的相关性。目前各国对个人数据的主体界定的差异主要在于其是否包含离世的个人，而在个人相关性方面则较为统一，即有助于识别个人的任何数据。

就本书的研究内容和目的而言，上述各法律对个人数据的定义具有一定参考作用，但并非完全等同于本书的研究对象。本书所指的个人数据主要是电子化数据，可能是原始数据，也可能是被加工后的个人数据集合。因此，本书所指的"个人数据"概念为：

个人数据主要是人们在各类私人活动中产生的电子化数据，既包括结构化数据，也包括非结构化数据[10]。本书所指的个人数据不包括脱离信息物理设施的数据[11]。通过个人数据，能辨识特定的行为个体。

1.2.3 个人数据与个人信息

从各国的法律及标准来看，大多没有对二者进行特别区分，"个人数据"与"个人信息"经常被混用。日本《个人信息保护法》明确规定个人数据是存储于数据库中的个人信息。从研究文献来看，二者也经常被混用。国内有的文献甚至直接用"个人数据信息"一词。

无论从技术角度，还是中文语义角度，二者都是有区别的。"数据"更强调能被设备自动化处理，而"信息"更强调内容的传递性。尤其随着信息技术的迅速发展，二者的语义差别越来越明显。因此，在研究大数据环境下的隐私问题时，"个人数据"概念的使用更为准确。但是，由于不少法律原文使用"个人信息"，后文中还会尊重原文，使用该词。

1.2.4　隐私规制

隐私是一个发展的概念，不同的国家、民族，甚至不同的个体，在不同的历史发展阶段，对其都有不同的认识。一般来说，隐私是指"一种与公共利益、群体利益无关，当事人不愿他人知道或他人不便知道的信息，当事人不愿他人干涉或他人不便干涉的个人私事，以及当事人不愿他人侵入或他人不便侵入的个人领域"[12]。

规制是指为实现某些社会经济目标，采用各种直接的具有法律约束力的限制、约束、规范手段，而对市场经济中的经济主体做出的规制行动和措施。其目的在于维持正当的市场经济秩序，限制市场势力，提高市场资源配置效率，提升全社会福利，保护大多数公众的利益不受少数人的侵犯[13]。

隐私规制不是简单的隐私保护，也不是产业规制，而是指为了实现产业创新与隐私保护的协调发展，遏制隐私泄露的外部性，减少个人数据交易的市场失灵，政府对市场中经济主体采取的相关限制措施。

1.3　研究方法

本课题需要借鉴多种学科知识，综合运用系统科学、信息经济学、产业经济学、社会学和管理学等相关学科的理论知识。为解决关键问题拟采用的主要方法如下：

（1）文献分析法。本研究首先对隐私保护、大数据产业等相关文献进行梳理总结，厘清国内外研究视角、范围、进展以及当前的热点领域。并对相关领域的研究成果和结论进行综述分析，结合本研究的最终目的提出切入视角、研究假设、理论框架与具体方法。

（2）案例研究法。选取典型国家、企业的个人数据交易及大数据应用中的隐私规制作为研究对象，对相关案例进行系统的分析、评价与归纳、总结，为本项目的研究目标提供基础与支撑。

（3）博弈分析法。应用博弈模型，对个人数据的销售许可、隐私泄露举报、隐私泄露溯源进行博弈分析。在此基础上，进行具体的机制设计，为隐私规制制定提供理论依据。

1.4　研究内容

在掌握国内外文献、法律条款以及开展问卷、访谈调研的基础之上，进行隐私规制机制研究，并针对销售许可机制、隐私泄露举报机制和隐私泄露溯源机制三大主要机制进行了具体机制设计，针对存在的主要问题提出了个人数据隐私规制的政策建议。主要研究内容如下：

（1）为什么要重视大数据下的个人隐私。介绍本书的研究背景及意义、概念界定、研究方法、研究内容、技术路线、创新之处。

（2）大数据时代必须关注的几个问题。从隐私、大数据产业、个人数据交易等方面进行国内外文献综述，找到本书的切入点。

（3）大数据环境下个人数据概述。主要分析个人数据的特征与分类，个人数据的使用价值、个人数据的应用领域、个人数据的利用流程、大数据技术对个人数据的影响。

（4）个人数据隐私规制的国际经验。分析世界主要国家和地区个人数据隐私规制的法律法规、行业自律、技术创新等情况，并总结其对中国的启示。

（5）中国隐私观念调查分析。通过问卷调查及深度访谈的方式，深入分析国人所认知的隐私内容、隐私关注、隐私信任、隐私泄露现状，并分析隐私泄露的深远影响。

（6）个人数据隐私规制总体分析。首先进行利益相关者分析，掌握利益诉求及权力利益关系。然后，从搜集、处理、交易、应用各个环节分析规制机制。最后，对隐私规制机制进行总体设计。

（7）个人数据销售许可机制。介绍许可机制及其作用机理，并对许可销售的数据类型、许可类型、授予方式、许可撤销等进行机制设计。

（8）个人数据隐私泄露举报机制研究。介绍许可机制及其作用机理，通过构建道德风险博弈模型，指导具体机制设计。

（9）个人数据隐私泄露溯源机制。在分析个人数据可溯源性的基础上，分析溯源路径及管理技术框架，并应用信息传递博弈模型，进行具体的溯源机制设计。

（10）结论及展望。对以上研究进行总结，并展望下一步的研究方向。

1.5 技术路线

在整理国内外相关文献的基础上，确定研究思路，在确定个人数据交易隐私规制框架的情况下，对个人数据销售许可机制、个人数据隐私泄露举报机制、个人数据隐私泄露溯源机制进行深入研究。具体的技术路线如图 1 – 1 所示。

1.6 创新之处

（1）研究视角方面，分析个人数据隐私规制，解决隐私保护与大数据产业发展的矛盾。

现有研究文献虽然强调个人数据对于大数据产业发展的重要性，也强调个人数据隐私保护的重要性，但是对于二者交叉结合部分的关注不多。本项目提出，在构建隐私规制机制的基础上，开放个人数据交易市场，实现个人数据的市场流动，提高数据资源的配置效率。这对整个社会科学、合理、有效地利用个人数据资源大有裨益。同时，也有利于保护个人隐私权益，提升社会整体信用水平。

（2）研究内容方面，分析个人数据交易和应用过程中的销售许可机制、隐私泄露举报机制和隐私泄露溯源机制，以填补理论研究上的若干空白。

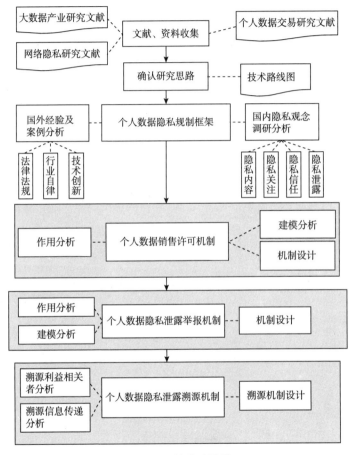

图 1-1 技术路线图

本书的一些研究内容是国内外同类研究关注的热点问题，但尚未取得有影响的研究结论，如隐私规制的总体设计，具体的个人数据销售许可机制、隐私泄露举报机制和隐私泄露溯源机制等。对这些问题开展深入研究，能弥补现有相关研究的不足，并为实践提供理论指导。

（3）研究方法方面，有针对性地选择和整合不同研究方法，以有效分析和解决相关研究问题。

本书整合不同研究方法的优势开展相关研究。例如，将结合文献分析法和案例分析法，研究国外主要经验；应用问卷调查法和深度访谈法，研究国人的隐私内容及隐私关注；应用博弈模型，研究隐私泄露举报机制及隐私泄露溯源机制等。通过有针对性地选择和整合多种研究方法，在方法运用方面有所创新。

2 大数据时代必须关注的几个问题

大数据浪潮汹涌来袭，在激起人们创新激情的同时，也引起了对个人数据隐私保护的担忧。尽管有不少新闻对此进行了报道，但专门的研究文献并不多。现有相关文献主要从隐私规制、大数据产业、个人数据交易等方面进行了初步研究。

2.1 隐私

随着互联网的迅速发展，用户隐私泄露问题不断出现。学术界对隐私关注已久，不少学者认为隐私并非一个简单的概念，而是一系列相关概念的集合，主要表现为在互联网上消费者对个人数据保护和控制的权利[7]。目前关于网络隐私规制的研究文献较少，主要从技术、法律两个角度研究隐私保护，国外有少量文献从隐私管理、隐私经济角度进行研究。

（1）隐私保护技术。

关于隐私保护技术的相关研究，国内外文献数量多，涉及面广，如对通信网络隐私保护的研究、对传感器网络隐私保护的研究[15]等。由于关联性不大，本书不赘述。

（2）隐私保护法律。

国外不少文献关注隐私保护的法律问题，如 Hallinan[16,17]对欧盟公众对于数据隐私保护的认知进行调研，并提出了完善相关法律的建议；Gidron[18]通过案例分析，对以色列隐私保护法律特点、问题进行研究，并提出了建议。国内也有不少文献对隐私保护立法[19]、隐私商业应用[20]开展了研究；也有学者通过比较研究，分析了欧盟[10]和美国[7]相关法律对中国的启示。

（3）隐私管理研究。

国外学者从以下三个方面研究隐私管理问题。一是个人隐私关注。Park 通过实证检验发现，知识水平将影响用户的隐私关注，而隐私关注又引导其隐私保护行为[21]。二是企业对消费者隐私管理的策略。Lee 提出将消费者隐私关注进行分类，然后采取不同的管理策略[22]。三是政府对用户隐私管理策略（主要是指公共物品中用户隐私保护问题）。Patricia 等学者以用于健康研究的人类基因库为例，认为公共物品的个人数据完全可以去掉隐私信息[23]。

（4）隐私经济研究。

隐私经济主要研究个人数据的隐私问题带来的经济影响，尤其重视分析隐私与在线广告行业发展的关系。Hoofnagle 指出，个人数据是在线广告得以发展的基础，企业通过免费服务搜集个人数据进行分析并交易，隐私没有得到应有的尊重[24]。数据搜集方应告知用户其数据利用方式及收益情况，而用户在提供数据时应该获得相应的报酬[25]。

2.2 大数据产业

随着互联网的迅速普及，微博、社交网络、电子商务的数据量迅速增长。尤其是云计算、物联网、移动互联网等新一代信息技术逐渐普及，数据量将呈爆炸式增长态势。学界、业界及政府机构都已经开始密切关注大数据[26]。学界关注较早，*Nature* 在2008 年就推出了 Big Data 专刊[27]。国际上，"大数据"在公共卫生[28]、经济发展和经济预测等领域中的预见能力已经崭露头角。例如，利用谷歌住房搜索查询量变化对住房市场发展趋势进行预测[29]，明显比不动产经济学家的预测更准确[27]。联合国已经推出了名为"全球脉动"（Global Pulse）的项目，即使用自然语言解密软件对社交网站和文本消息中的信息做出分析，用来帮助预测某个给定地区的失业率、支出削减或是疾病暴发等现象，其目的在于利用数字化的早期预警信号来预先指导援助项目，阻止某个地区重新陷入贫困[30]。

在国内，大数据应用刚起步。只有少数知名企业在生产运营中用到大数据技术，如百度每天大约要处理几十 PB 数据；淘宝网会员数量超过 3.7 亿，在线商品销售超过 8.8 亿元人民币，每天交易数千万笔业务，产生约 20TB 数据。极少数企业利用大数据进行舆情分析，如北京拓尔思信息技术股份有限公司通过搜集新浪微博数据，为政府部门和企业做舆情分析。

（1）大数据的社会经济影响。

学界从多个角度研究了大数据对社会经济的影响，归纳如下：一是为政府各项政策的制定提供参考依据。较之以往的各种经济预测方法，大数据能更准确地预测整体经济形势、疾病暴发流传、社会动乱进展等情况[31]，从而服务于政府科学决策。二是给企业经营与决策带来机遇与挑战。多期《哈佛商业评论》（*Harvard Business Review*）专门针对大数据对企业管理的影响进行了探讨。一方面，帮助企业发现市场需求。利用实时或接近实时的方式搜集详细数据，通过数据挖掘，运用数据分析方法，能准确分析和预测市场需求变化，支持企业战略决策[32,33]。另一方面，推动企业创新产品与服务。大数据在帮助企业改善现有产品与服务的基础上，加强企业创造新产品和服务，甚至开发全新的商业运营模式。例如，国外医疗保健领域企业通过分析病人的临床和行为数据，开发了针对目标群体的预防保健项目；制造企业通过内嵌在产品中的传感器获取数据，创新了售后服务并改进了下一代产品[1]。三是提高科研创新效率。例如，大数据能使单一领域情报研究转向全领域情报研究并提高情报研究的严谨性和智能化水平[34]，能使生物制药、新材料研制生产流程发生革命性变化[35]等。四是刺激经济增长。大数据必将渗透到工业、能源、金融、航空等重要行业，从而形成数据储存、数据托管、数据挖掘、数据咨询等新兴产业[35]。

（2）大数据产业体系。

大数据的研究文献以技术、工程领域为主，产业角度研究相对较少。赛迪顾问的研究报告将大数据产业体系分为开源项目、大数据处理平台、数据获取、数据存储、数据分析、数据可视化、数据安全、大数据应用等环节[36]。Miller 对大数据的价值链进行了分析，将其分为数据发现、数据整合和数据探索等环节，并分析了各环节可能的赢利点[37]。

（3）大数据产业政策。

由于利用大数据可以刺激下一波经济增长，不少文献及报告都提出了政策建议，总结起来有以下五点：一是促进数据共享的措施。麦肯锡的研究报告指出，政府应该采取奖励措施，推动数据共享[38]。英国从 2011 年 11 月就发布了对公开数据进行研究的计划[39]，提出不仅要成为世界首个完全公布政府数据的国家，还要探索成立"数据银行"，发挥开放数据在商业创新和刺激经济增长方面的潜力[40]。二是数据隐私保护问题。联合国"全球脉动"项目的研究报告[41]以及 Rubinstein[42]指出，应制定和完善相关规则，通过新的机制和伙伴关系来保障人们能负责任地使用大数据，保护相关者的隐私。三是加大财政支持力度。一方面建议政府加大研发投入力度，另一方面建议政府进行大数据试点及采购，带动产业发展[2]。四是加强人才培育。建议从学校和实践中培养各类数据人才，如数据科学家、首席数据官、数据咨询师、数据分析师、数据工程师等[35]。五是加强信息通信基础设施建设。国内外多份文献都强调了信息基础设施建设的重要性[43]。

2.3 个人数据交易

随着信息技术的迅速发展，个人数据的商业价值不断提升，个人数据成为一种重要的资源。不少学者都主张提高个人数据的流动性，主要研究内容如下：

（1）个人数据可交易性。

有学者认为，个人数据应财产化发展，应通过制度设计赋予主体信息自决权、信息再转让限制权、撤销权、变更权以及匿名权，以平衡个人数据人格保护与个人数据自由流通的冲突[44]。有学者主张，个人应能以交易形式提供其信息[25]。有学者认为，由于数据具有其他生产要素不具备的特性，如可复制性、非竞争性、产权模糊性等[45]，数据交易需要更为严格的规制，尤其是个人数据的交易。

（2）个人数据交易市场。

目前对数据交易市场的研究文献很少，Kord 认为个人数据交易市场或者企业可能涉及伦理问题，且政府难以规制[46]；Alexander 对个人数据交易市场的定价策略进行了研究，发现价格主要与市场结构、数据的边际替代率等因素相关[47]。李国杰认为，中国急需建立数据交易市场，借鉴金融衍生品市场的模式，透明公开的交易平台，发挥资本市场的作用[35]。实践层面，产业的发展已经超越了当前的理论研究。美国的 Personal 公司就鼓励用户上传其数据，并通过出售数据获利。此外，美国的 Factual 公司也推出数据超市。日本富士通建立了数据交易市场"Data Plaza"，目前在 Data Plaza 买卖的数据包括购物网站上的购物记录、出租车上安装的传感器获得的交通堵塞信息、智能手机的位置信息、社交网站（SNS）的帖子等。这些数据进入交易市场后的共同特点是，对全部个人数据进行匿名化处理后，再进行交易。

2.4 述评

通过以上综述可见，目前对于大数据产业发展涉及的个人数据隐私规制问题研究还比较浅显，主要表现在以下方面：

（1）对个人数据交易过程中的隐私保护问题研究尚不够深入。

现有文献主要从技术和法律层面研究隐私保护问题。随着个人数据的生产要素属性日益增强，其供需矛盾也将日益扩大，从技术和法律层面已经很难解决这一矛盾。因此，将个人数据引入市场机制，进行市场交易势在必行。然而，现有文献对静态的个人数据的隐私保护关注较多，而对于市场交易过程中的个人数据隐私规制缺乏深入研究。

（2）对个人数据应用过程中的隐私保护问题研究较为薄弱。

现有文献对大数据产业链可能的构成环节及各环节的价值来源进行了探讨，也关注到了制约大数据发展的数据源、隐私保护、财政支持、人才培育、基础设施等问题。但是，对于个人数据资源使用过程中的隐私保护尚处于"提出问题"的阶段，缺乏"解决问题"的相关文献。

（3）对个人数据的交易及应用的社会监督缺乏实质性研究。

现有文献已经论证了数据具有财产属性，可以进行交易，也可以应用于大数据挖掘。对于交易及应用过程中隐私保护的法律、技术也进行了一定的研究，但没有文献对社会监督机制进行深入研究。

鉴于现有文献的不足，本项目将围绕隐私保护和大数据产业发展的目标，对个人数据交易隐私规制机制进行总体设计，并分别对个人数据销售许可机制、个人数据隐私泄露举报机制、个人数据隐私泄露溯源机制进行深入分析。

（4）对国人隐私观念缺乏针对性的调研。

由于东西方文化差异，国人具有与欧美不同的隐私观念。尽管欧美在个人数据隐私保护领域走在中国之前，各种法律法规、政策措施在借鉴欧美经验时，必须深入了解国人对隐私观念理解的特别之处，包括隐私内容、隐私关注、隐私信任等。

针对现有研究的不足，本书将在借鉴国外经验，调研国人隐私观念的基础上，设计覆盖个人数据搜集、应用、交易全流程，涉及个人、搜集者、应用者、监管者等核心利益相关者。

3 大数据环境下个人数据概述

大数据技术的出现和爆发，使个人数据受到了前所未有的关注。无论政府还是企业，都将其上升到战略资源的高度。本章重点研究大数据环境下个人数据的属性和特点，为后文研究奠定基础。

3.1 个人数据的特征与分类

3.1.1 个人数据特征

根据个人数据的定义，数据内容涵盖一个人的生理、心理、经济、文化、社会等方方面面内容。具体来说，有以下特征：

（1）个人数据的主体为个人。尽管不同国家对于主体是否包括已逝者有分歧，普遍都规定为自然人，社会组织、法人的数据不属于个人数据范畴。

（2）个人数据可以识别个人。无论是直接还是间接，只要能识别个人，便视为个人数据。

（3）个人数据兼有人格权与财产权双重属性。个人数据与个人生活、精神自由息息相关，必然具有人格权。同时，个人数据具有一定的经济价值，也具有财产权的属性。

（4）部分个人数据属于个人隐私。并非所有个人数据都是隐私。有时候，每个碎片化的个人数据不是隐私，一旦将其组合分析，便涉及个人隐私。

3.1.2 个人数据分类

个人数据的类型有多种划分方法，以下几种对后文研究有重要作用。

（1）按照数据来源。

按照数据的来源，2011 年世界经济论坛编制的报告将个人数据分为三类[48]：

一是自愿提供的数据。即用户自愿提供的一系列数据，如微博发表的各种言论及照片、向某些网站注册时提交的信息等。

二是被观测到的数据。即用户在使用信息设施或者软件时，被记录和观察到的一系列行为数据，如上网记录、购物记录、搜索记录等。

三是被推断的数据。即根据用户的各种信息推测的个人数据，如个人信用评级、消费需求、购物偏好等。

（2）按照是否涉及隐私。

按照是否涉及隐私，可以将个人数据分为敏感性和非敏感性个人数据。

敏感性个人数据涉及个人隐私，法律给予特殊保护，某些数据会有专门法律进行规制，如个人征信数据。不同的国家对于敏感性数据的划分有所不同，如欧盟将种族、宗教信仰作为敏感性数据，中国对此没有特殊规定。

非敏感性个人数据指不涉及个人隐私的数据，一般没有特殊保护。

（3）按照数据内容。

个人数据的内容复杂多样，不胜枚举，以下以当前频繁使用的主要数据进行分类：

一是交易数据。交易数据中的用户账户、支付记录、消费商品记录及电子账户余额等均为重要的个人数据。

二是电子邮件数据。电子邮件中，用户隐私数据和商务机密数据较多。不仅可能包括用户对某一热点事件的看法，而且可能包括用户的年龄、爱好和学历等重要基本信息。

三是社交媒体数据。社交媒体数据则包括了位置信息、行为特征甚至与意识形态相关的重要数据等。这些重要的个人数据不仅蕴涵着较大的商业价值，而且对于经济组织乃至国家而言，极具战略性意义。

四是位置信息/数据。随着移动终端的普及并成为生活必需品，个人的位置信息无所遁形，都被移动终端记载下来。

五是医疗信息。世界上不少国家已经应用了电子健康记录。随着电子健康记录的逐步推广，个人的病史、健康状况、医疗保险等也将成为重要的个人数据。

3.2 个人数据的使用价值

生产要素是与时俱进的，不同的生产力条件下，生产要素也会有所不同。威廉·配第认为土地和劳动是生产要素[49]。萨伊则将劳动、资本和土地的"三位一体"看成价值的来源[50]。马克思坚持劳动是价值的唯一本源，但他也认可技术、资本等生产要素在价值创造中的作用——"虽然只有可变资本部分才能创造出剩余价值，但它只有在另一些部分，即劳动的生产条件被预付的情况下，才会创造出剩余价值"[51]。

随着经济理论的不断发展，管理、技术等也被视为生产要素。随着信息化水平的不断提升，人们生产生活过程中的数据呈爆炸式增长[52]。IDC 发布的报告称，2011 年全球被创建和被复制的数据总量为 1.8ZB（1ZB 等于 1 万亿 GB），而且全球信息总量每两年增长 1 倍[8]。在这些庞杂的数据资料中，不少数据集符合"大数据"的属性。这些大数据只要利用得当，将和土地、资本、技术一样，为人类社会经济生活创造宝贵的财富。个人数据由于直接体现用户偏好，反映市场需求，其应用价值将与日俱增[53]。

3.2.1 提高政府公共服务效率

政府是掌握数据资源最丰富的部门之一，也是利用大数据潜力最大的部门之一。利用个人数据能使政府公共服务效率提高，主要体现在：

（1）为政府各项政策的制定提供参考依据。较之于以往的各种经济预测方法，大数据能更准确地预测整体经济形势、疾病暴发流传、社会动乱进展等情况，从而有助于增强政府科学决策能力。

（2）提升政府内部协调效率。大数据能让原本相互分离的政府部门之间更加容易地获取相关数据，可以大大降低搜索和处理时间，提高政府运行效率。

3.2.2 提高企业生产力

企业对个人数据的利用，可以来自自身在运营过程中创造并存储的数据，也可以来自购买专业服务机构提供的数据。企业利用大数据的价值体现在：

（1）帮助企业挖掘市场需求。

利用实时或接近实时的方式搜集的详细数据，通过数据挖掘，运用数据分析方法，能准确分析和预测市场需求变化，支持企业战略决策。例如，电子商务企业通过分析商品点击率、查询情况和订单情况，进行价格调整和制定促销活动策略[54,55]。

（2）帮助企业定位目标市场。

利用大数据使企业能够对人群进行非常具体的细分，以便精确地定制产品和服务以满足用户需求。随着技术的进步，很多公司已经能够将客户实时微观细分以便锁定促销和广告方式。例如，网飞（Netflix）能根据顾客偏好推荐电影，脸谱（Facebook）能根据顾客偏好推荐好友及应用。

（3）帮助企业创新产品与服务。

大数据能够帮助企业改善现有的产品与服务，更重要的是能够推动企业创造新产品和服务，甚至开发全新的商业运营模式。例如，国外医疗保健领域企业通过分析病人的临床和行为数据，开发了针对目标群体的预防保健项目；制造企业通过内嵌在产品中的传感器获取数据，创新售后服务并改进下一代产品[56]。

3.2.3 提高社会管理水平

大数据在提高公共部门和私有部门的生产力的同时，也能提高社会管理水平。

（1）完善收益分配机制。

通过大数据分析，能准确把握居民收入状况、企业资金流向，深入分析贫富差距，从而制定科学的税收和转移支付制度，完善收益分配机制。

（2）促进生产关系调整。

通过大数据分析，尤其是社交网络和移动终端的情绪分析，能有效分析社会各阶层的矛盾，从而采取相关措施，调整生产关系，稳定社会发展。

3.3　个人数据的应用领域

由于个人数据能够直接体现购物心理、市场需求，传统模式下的个人数据主要应用于粗放式广告和地毯式营销。大数据环境下，非结构化个人数据的应用不仅产生了较好的经济效益，其在科研、医疗和教育方面的扩展应用也产生了较好的社会效益。

在商业领域，通过大数据对个人数据进行整理、加工、处理和分析，可以实现定向广告和针对性较强的营销，从而带来巨大的商业价值。传统模式下，个人数据利用率低。由于移动互联网和云计算的快速发展和落地，对于分散的、小颗粒度的数据搜集能力明显增强，大块状数据的处理能力不断提升，个人数据利用率显著提高。深度的数据挖掘和分析、机器学习，揭示出大数量级数据暗含的某些规律，个人数据的价值在数据流中得以最大化利用。

在金融领域，通过对大量交易数据的分析，可以快速掌握商品交易的基本规律、消费者的消费习惯以及信用记录。因此，金融机构可以通过大数据得到宏观经济的运行现状、特定行业的景气水平以及市场信心，从而为风险控制创造便利条件。此外，大数据还有利于金融产品的创新和推广，为不同客户制定特殊的金融产品[57]。

在企业级应用领域，大数据的应用正处于逐步成熟的阶段。在电子商务方面，通过对有关用户特征大容量面板数据的深度分析和挖掘，数据持有方可以快速发掘消费者的一般和特定的行为习惯，从而为定向的电子营销创造条件。在生产管理方面，大数据的使能功能在 CRM、SCM 以及 BI 方面不断凸显，成为企业经营管理革新的重要动力和表现。国外如网飞（Netflix）和脸谱（Facebook）等互联网企业，较早就开始利用用户遗留在网络上的数字痕迹（Digital Traces）分析用户需求[58]。

在智慧城市领域，大数据的应用前景则十分广阔。在智能交通方面，通过对交通流量的深度分析，可以掌握交通流量变化的历史数据，并为交通主管部门提供决策支持；在智能医疗方面，病历电子化的不断推进为大数据在医疗方面的应用奠定了良好的基础，特别是在传染病的预警、防治和诊断方面有较大的应用空间；在提供智能公共服务方面，大数据将成为有效的解决方案。

在科学研究方面，有足够的个人数据。人类的行为分析及预测甚至可以脱离逻辑分析，只需要统计分析。经济预测、应急管理、疾病防治等，都可以借助个人数据挖掘，得出应对之策[59,60]。

在传媒领域，个人数据也被广泛应用，通过大数据分析，对其进行新闻挖掘和深度报道，以扩大媒体的发行量和影响力[61,62]。不少业界人士甚至呼吁，大数据颠覆了传媒的生产方式[63-65]。

3.4 个人数据的利用流程

3.4.1 个人数据利用环节

个人数据利用的流程如图 3 - 1 所示。由图可知，个人数据的利用主要包括以下环节：

（1）搜集。搜集方可以通过网络、移动智能终端、各种监控设备等多种途径搜集个人数据。大数据由于可以处理多元非结构化数据，其所能处理的个人数据类型远比网络个人数据的外延广泛。

（2）处理。搜集的数据需要进行处理方可应用。这种处理可以分为两种方式：搜集者自己进行数据处理，或者外包给专业数据处理机构进行处理。

（3）交易。被搜集和处理的数据，如果不作为自用，需要通过交易才能实现其价值。目前，美国、日本已有个人数据交易公司，如美国的 Factual 公司推出数据超市，日本富士通建立了数据交易市场"Data Plaza"。中国刑法有"出售、非法提供公民个人信息罪"，个人数据交易随时有违法的可能，供需双方只能暗地交易，主要以黑市交易的形式存在，并且交易活动日益猖獗。

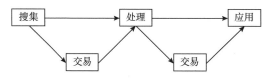

图 3 - 1　大数据环境下个人数据利用流程图

（4）应用。个人数据应用领域很广，包括生活服务、商业应用、科学研究、公共服务等。个人数据应用环节有两种情况，一种是数据处理方直接应用，另一种是购买处理方的数据产品后应用。

3.4.2　个人数据利用数据流

根据图 3 - 1，个人数据的应用可以分为以下 4 种数据流：

（1）搜集——处理——应用。

（2）搜集——处理——交易——应用。

（3）搜集——交易——处理——应用。

（4）搜集——交易——处理——交易——应用。

数据流不仅要考虑数据利用环节，还要分析所涉及的利益相关者。一个利益主体可能参与一个环节，也可能参与多个环节，即有可能某个主体既是数据搜集者，又是数据处理者，还是数据交易者和应用者。

3.5　大数据技术对个人数据的影响

近年来，新一代信息技术发展突飞猛进。2006 年之后社交媒体和自媒体的发展，2010 年之后云计算、物联网与移动互联网的发展等，对个人数据的规模、结构产生了重大影响，也加速了个人数据搜集与应用的变化，使大数据环境下的个人数据呈现出与以往不同的特性。

3.5.1　电子化个人数据总量快速增长

当前，个人数据的总量增长主要源于三方面动力——社交网络、电子商务平台和移动智能终端。①社交网络不仅为用户创造了大量的虚拟空间，而且将不同个体的虚拟空间通过社交网络相互交织。在虚拟空间平台上，社交网络搜集用户的个人数据十分便利（即个人数据的电子化）；同时，通过交织在一起的用户行为，社交网络大大加速了个人数据的产生。②电子商务平台也记录着个体用户大量的交易信息。2010年，中国网上零售市场交易规模达5131亿元；而2012年，我国电子商务市场规模已突破8.1万亿元。市场交易规模的不断攀升带来交易数据的快速增长。③移动智能终端的记录功能越来越强大，移动设备普及率不断提升，使得移动终端产生的数据呈爆炸式增长，其中，最富代表性的是手机。另外，平板电脑、车载设备以及广泛安装的摄像头也是个人数据重要来源。总体上，社交网络数据和电子交易数据构成了大数据下个人数据增量的主体部分。

3.5.2 个人数据结构发生显著变化

正如前文所述，社交网络、自媒体与电子商务平台贡献了主要的个人数据增量部分。与以往的个人数据不同，这三部分的数据具有非结构化、空间复杂度高两个特点。例如，社交网络与自媒体产生的个人数据既包括用户姓名、年龄和性别等基本结构化数据，而且包括大量的诸如位置数据、视频数据和音频数据等非结构化数据。又如电子商务平台产生了大量的交易和日志等颗粒度较小的个人数据。这些数据的空间复杂度较高，在非大数据条件下占比较低，且可利用度不高。大数据环境下，行为（动态）数据和非结构化数据占比迅速上升。

3.5.3　个人数据的应用模式发生显著变化

由于大数据有效提升了非结构化数据的可用性和管理行为数据的能力，使个人数据的应用模式演进到大规模商业化应用的新阶段[66]。对大数据环境与传统环境下个人数据应用模式进行比较，具体情况如表3-1所示。

表3-1　大数据环境与传统环境下个人数据应用模式比较

传统环境	大数据环境
事前定义的	根据应用场景而变化的
目标指引的搜集（任务指引）	价值指引的搜集（服务导向）
个人不参与数据加工	个人参与数据应用的全过程
隐私规制的系统性风险不大	隐私规制存在系统性风险

简言之，在传统模式下，个人数据大多是静态的、事前设定的结构化数据。而对于用户行为中产生的大量中间数据应用较少。相反，在大数据条件下，个人数据的设定根据应用场景变化而变化。例如，在以美食为主题的社交网站中，用户的口味偏好、位置信息、口碑评价均为个人数据。又如，在综合性电子商务平台中，用户的账户信息、电子账户流水、商品选择均为个人数据。

3.5.4　数据搜集方式的变化

传统模式的数据搜集行为是以某个特定目标为指引的，而大数据则以价值为指引。传统模式是在事先设定的应用目标的条件下，对个人数据的可搜集性进行充分评估后而进行的搜集行为。

大数据则是在为用户提供某种免费的服务情形下，根据自身的商业模式和市场需求，以最大化个人数据的价值为导向，主动进行个人数据的搜集。大数据的这一特性的重要前提之一是数据的搜集能力大大提高。

3.5.5 个人数据处理的变化

在传统模式中，个人不参与数据加工的中间过程。而在大数据模式下，个人的参与度显著提高。基于云计算和移动互联网的发展情况，大数据在处理个人数据的过程中，个人可方便地参与其中，并对数据加工做出贡献。个人参与个人数据的加工使大数据的应用推广更加便利。

3.5.6 隐私风险的变化

传统模式下隐私规制的系统性风险较小，大数据环境下隐私规制存在不可控的系统性风险。传统模式下，由于个人数据的应用范围较小，层级不多，系统性风险较小并且可控。但在大数据条件下，个人数据价值挖掘过程中，参与者众多。个人数据的生产、加工的迂回度不断提高，加大了整个过程的系统性隐私风险。这不仅为隐私规制提出了新的、更高的需求，而且增大了风险控制的难度。

4 个人数据隐私规制的国际经验

欧盟、美国、日本在个人数据隐私规制方面一直在进行探索和改进，相继出台了一系列相关法律法规；行业为了实现可持续发展，也成立了一些自律组织；不少企业利用这一市场需求进行技术创新，推出了相关产品。本章对这些基本情况进行介绍，并分析对中国的启示。

4.1 法律法规

4.1.1 各国概况

据不完全统计，世界上已经超过 60 个国家或地区制定了有关个人数据的保护法律。由于不同的法律传统和使用习惯，法律使用的术语也不尽相同。大体来说主要有三个，分别是"个人数据"、"隐私"与"个人信息"[67]。其中，使用"个人数据"概念的国家或地区最多，主要是欧洲理事会、欧盟、欧盟成员国以及受欧盟1995年指令影响而立法的其他大多数国家。在普通法国家（英国作为欧盟成员国除外），如美国、澳大利亚、新西兰、加拿大等，以及受美国影响较大的APEC，则大多使用"隐私"概念。日本、韩国、俄罗斯等国[68]，则使用"个人信息"概念[69]。不过，"个人数据"这一名词被使用得越来越多。

就内容而言，各国或地区的个人信息保护法律虽然在许多方面具有重大的差别，但是，它们都具有如下两个共同特征：第一，法律保护的对象是作为自然人的个人，而不是企业或其他组织。第二，法律所要实现的目标是使能够识别特定个人的信息不被随意搜集、传播或作其他处理，侵犯个人的权利。

4.1.2 欧盟

欧盟采用以法律规制为主导的隐私权保护模式，其基本做法是通过制定法律的方式，从法律上确立隐私权保护的各项基本原则与各项具体的法律规定和制度，并以此为基础，采取相应的司法或者行政救济措施①。欧盟成员国有大量的关于个人数据隐私保护的法律法规，既有本国制定并适用的，又有欧盟整体制定的指导性法规，还有成员国参与经济合作与发展组织或联合国等国际组织所要求适用的原则。在这些种类繁多的关于隐私和个人数据保护的规定中，1995年《欧盟个人数据保护指令》是欧盟数据和个人数据保护规章的核心（见表4-1）。

---

① http：//news. sohu. com/20050113/n223916022. shtml.

欧盟是个人数据规制立法的模范和先驱。它对个人数据规制制定的基本原则较为全面，对数据质量、数据特殊类型、数据安全、数据主体保护、赔偿责任等七方面都做了详细的规定。其他国家或地区的立法原则大都涵盖在这些范围内，但也有一些国家在此基础上进行了深化，比如，德国的联邦数据保护法第3a条就明确了"信息缩减与信息节约"的规定，要求信息处理系统尽可能不采用或者采用最少的个人信息，而且，应尽可能采用匿名的个人信息。

表4-1　欧盟网络隐私权立法概况

立法历程	相关内容
1995年10月24日欧盟通过《欧盟个人数据保护指令》（EU Data Protection Directive），该指令几乎包括了所有关于个人资料处理方面的规定。	指令要求15个成员国都要立法去管理个人数据，并且特别规定第三国若未符合"适当"标准（adequacy standard），则为保护其人民个人数据隐私起见，欧盟将采取必要措施防止其个人数据转移至该具有疑义的第三国。保护指令的基本原则大致如下：用途上的限制、数据的品质、安全性的原则、透明化的原则、同意权的原则、个人救济的原则。
1996年3月欧盟通过《关于数据库法律保护的指令》（The European Directive on the Legal Protection of Database），对"数据库"作了明确的界定。	"数据库"是指经系统或有序的安排，并可通过电子或其他手段单独加以访问的独立的作品、数据或其他材料的集合。
1997年9月12日欧盟通过《电子通讯数据保护指令》。	该指令除了对1995年的个人数据保护指令进行了补充之外，还特别强调了电子通信部门的有关安全、保密等相关原则。

立法历程	相关内容
1998 年 10 月，欧盟的《私有数据保密法》开始生效。这项法规实际上也是《个人数据保护指令》（1995）的延续。	内容涉及输入网络站点、存储于因特网服务器上的，以及内联网上传播的私有数据的保护问题。 1. 它十分严格地限定了传递和使用个人数据时必须遵守的规则； 2. 加强了有关跨国数据传输的规定，即当成员国的某企业因业务上的需要，要将私人数据传给另一国家的企业或机构时，首先要看这个国家是否有与欧盟大体相同的个人隐私保护措施，否则，欧盟企业将不得向其传递有关数据。
1999 年，欧盟先后制定了《Internet 上个人隐私权保护的一般原则》《关于 Internet 上软件、硬件进行的不可见的和自动化的个人数据处理的建议》《信息公路上个人数据搜集、处理过程中个人权利保护指南》等相关法规，为用户和网络服务商（ISP）提供了清晰可循的隐私权保护原则，从而在成员国内有效建立起有关网络隐私权保护的统一的法律法规体系。	《Internet 上个人隐私权保护的一般原则》：强调立法"既尊重个人的权利，同时保障在信息高速公路上信息交换的保密性，保障这类数据的自由流动"的同时，确立了有关个人数据保护的一般原则。 《关于 Internet 上软件、硬件进行的不可见的和自动化的个人数据处理的建议》：着重强调了个人数据处理的公正性、个人数据处理的法律基础、数据主体对其个人数据处理的决定权等，其中特别强调的是软件和硬件生产商及销售商的责任问题； 《信息公路上个人数据搜集、处理过程中个人权利保护指南》：为用户和网络服务提供商（ISP）建立起清晰可循的隐私权保护原则，其中尤其强调 ISP 的责任和用户的个人权利保护的自我意识的培养等。

欧盟指令价值倾向明显，覆盖范围广泛，规制程度深，执行机制健全。比如，欧盟指令规定，第三国的隐私法律只有经欧盟委员会判定达到"充分的"保护标准，才能自欧盟向其进行跨境个人数据传输。因此，为满足欧盟指令要求，所有欧盟国家甚至一些非欧盟国家纷纷开始制定或修订个人数据保护法。虽然世界上制定个人数据保护法律的国家很多，但迄今为止，只有加拿大、阿根廷、匈牙利和瑞士通过了欧盟的"充分性"判断标准。欧盟通过这些相关的规定，强迫其他国家向其个人隐私保护的标准靠拢，这样，使网络个人隐私权的保护逐渐呈现国际化和统一化的趋势。

4.1.3 美国

哈佛大学法学院的教授路易斯·布兰迪斯和塞教授发表了名为《隐私权》的论文[70]，奠定了美国的法律界开始丰富和完善有关个人隐私的法律基础。从此，开始了对隐私立法保护的征程。与欧盟相比，美国更注重通过行业自律的方式来规制个人数据的使用，但是在相关法律法规方面也走在世界前列（表4-2）。尤其在某些高度敏感的领域，美国政府通过相应的立法保护个人数据，包括儿童信息、医疗档案以及金融数据[71]。

表4-2　美国网络隐私规制立法概况

立法规制历程	主要规定内容
1974 年 12 月 31 日，美国通过了《联邦隐私权法》，该法律可视为美国隐私保护的基本法。	规定了公共机构对私人信息的采纳和使用的边界。

立法规制历程	主要规定内容
1979 年，美国将《联邦隐私权法》编入《美国法典》第五编"政府组织与雇员"，形成第 552a 节。该法又称《私生活秘密法》，是美国行政法中保护公民隐私权和了解权的一项重要法律。	详细规定了政府机构对个人信息的采集、使用、公开和保密等问题，并以此规范联邦政府处理个人信息的行为，平衡公共利益与个人隐私权之间的矛盾。
随着信息技术的发展，对信息系统层面上的个人数据保护越来越被重视，美国政府于 1986 年出台《联邦电子通讯隐私法案》（Electronic Communications Privacy Act，ECPA）	1. 规定了在信息技术社会中，有关数据安全的问题，是美国在电子商务领域保护隐私的重要法规； 2. ECPA 保障了个人的通讯自由，保证个人通讯在没有法院的命令之下不能实施政府之通讯监察，而第三方没有合法的授权不可去接取讯息（像从 ISP 等营运商中截取讯息）。
美国政府高度关注未成年人的保护。于 1998 年专门通过了针对儿童的网上隐私权保护的法案《儿童在线隐私权保护法》（Children's Online Privacy Protection Act，COPPA），并于 2000 年 4 月 21 日正式生效。	1. 规定网站在搜集 13 岁以下儿童的个人信息前必须得到其父母的同意，并允许家长保留将来阻止其使用的权利； 2. 必须说明所要搜集的内容以及将如何处理这些信息。

4.1.4 日本

日本对个人数据的隐私保护很重视，主要通过全国性立法和部门或地方立法的方式来对个人数据隐私进行规制。

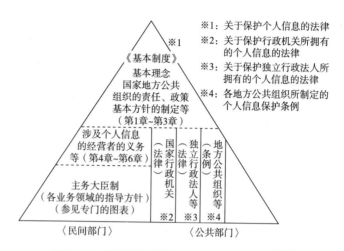

图 4-1 日本的个人数据保护相关法律体系[72]

专栏

日本个人信息保护的法制化过程

1987 年 3 月，日本信息处理系统中心制定了《关于金融机构等保护个人数据的指针》（1999 年 4 月进行了修改）。

1988 年 3 月，日本信息处理开发协会制定了《关于民间部门个人信息保护指导方针》。

1989 年经济产业省制定了《关于民间部门电子计算机处理和保护个人信息的指导方针》。

1991 年总务省制定了《关于电气通信事业保护个人信息的指导方针》。

1998 年 11 月制定《向高度信息化通信社会推进的基本方针》，并对保护个人隐私的条款进行具体规定。

1998 年 12 月政府制定《有关行政机关电子计算机自动化处理个人信息保护法》（次年 10 月开始实施）。

1999 年日本工业标准（JIS）制定了《关于个人信息保护管理体制要求事项》（又称 JISQ15001），个人信息保护的内容有：在根据直接书面从本人取得个人信息的时候，每次明示利用目的，必须得到本人的同意之后利用。（JISQ15001 3.4.2.4）。该要求事项现已适用于很多行业。

1999 年 4 月又制定了含 23 个都道府县和 12 个政府指定城市、全国 1529 个团体的《个人信息条例》。

1999 年 8 月 13 日政府将民间企业纳入个人信息保护的调整范围内，并对相对类型化的个人信息的采集、存储、使用和信息交换、共享等加以规制，并开始纳入政府的视野，在《居民基本注册改正法》中，特别针对民间企业对个人信息保护的必要性加强了认识，并在附件中加入了"为了万无一失地保护个人信息，尽快完善所需相关措施"的条款。

2000 年 9 月战略本部设置的"个人信息保护法制化专门委员会"提出了《关于个人信息保护基本法大纲草案》。

2001 年 3 月《个人信息保护法》被提交国会审议，2001 年 5 月 12 日日本全国律师协会（简称"日辩连"）就该法案提出法律意见书，致使 2002 年末该法成为废案。

2003 年联合执政三党作成修正案，同年 3 月 7 日，与个人信息保护相关联的五个法案在议会获得通过。至此，日本有关个人信息保护法制化的框架基本完成。

2005 年 4 月《个人信息保护法》的全面实施，意味着日本构筑了一个相对完整的以个人信息保护法为基本法，各部门单行法为补充的法律体系。

4.1.5 案例分析：美国网络隐私保护框架

2012 年 2 月 23 日，美国白宫发布《网络世界中消费者数据隐私：全球数字经济中保护隐私及促进创新的框架》（Consumer Data Privacy in a Networked World：A Framework for Protecting Privacy and Promoting Innovation in the Global Digital Economy，以下简称《网络隐私保护框架》），旨在为更好地保护互联网用户隐私设立指导方针，并鼓励相关利益方积极参与制订具体执行细则，并通过国会形成法律[12]。该框架对我国网络隐私保护及网络经济发展具有重要借鉴意义。

（1）主要内容。

《网络隐私保护框架》主要包括 4 项内容：一是介绍《消费者隐私权法案》7 项原则；二是介绍《消费者隐私权法案》原则实施问题，敦促多方利益主体参与推动，尽快形成执行细则；三是介绍执法问题，要求联邦贸易委员会作为实施主体加强执法；四是指出在隐私保护方面如何增强与国际合作伙伴的互操作性。

其中,《消费者隐私权法案》为保护用户隐私提出的 7 项原则有:一是自主控制——消费者有权对个人数据如何被企业搜集和使用进行控制;二是透明——消费者有权获悉企业有关隐私和安全措施方面的信息;三是尊重背景①——消费者有权期望企业在搜集、使用、披露个人数据时,与消费者提供这些数据时的背景相一致;四是安全——消费者有权安全可靠地控制个人数据;五是访问和更正——消费者有权访问和修改个人数据,确保数据敏感性以及错误数据带来不良后果的风险适度;六是限制搜集——消费者有权对企业搜集和保留个人数据进行合理的限制;七是问责制——在以相关措施确保企业遵守《消费者隐私保护权法案》的情况下,消费者有权让公司处理个人数据。

(2)背景分析。

奥巴马政府一直将互联网经济视为美国经济增长引擎。为促进网络经济创新,2010 年 4 月美国商务部成立互联网政策专责小组,以确定和解决互联网上最紧迫的政策问题,并提出政策建议。专责小组首先于 2010 年 7 月发布了《隐私与创新绿皮书》,随后于 10 月发布了《互联网经济中的商业数据隐私与创新:一个动态政策框架》。最后,通过向利益相关

---

① "背景"不仅指消费者提供个人数据时所处的环境,还包括消费者自身情况,如年龄、成熟程度、对技术熟悉程度等。此条款主要为了保护未成年人。

者广泛征求意见，在此框架基础上形成了《网络隐私保护框架》。

（3）主要目的。

《网络隐私保护框架》的发布基于以下目的：一是美国大选，有利于拉拢选民。将自己化身为草根阶层代表的奥巴马，将此作为其施政纲领之一。二是欧盟隐私保护新政已出，美国不甘落后。2012年1月欧盟最新修订的隐私保护相关法规规定，泄露用户隐私数据的公司将缴纳罚金，罚金最高可达该公司年度全球营收的2%。这一政策直接影响美国的互联网公司利益，以至于将影响美国国家利益。三是近来频发侵犯用户隐私的事件。谷歌（Google）和脸谱网先后因违背了对保护隐私权的承诺而遭到美国联邦贸易委员会（FTC）的严惩，用户也对智能手机应用程序对个人隐私的侵犯提出强烈的抗议。

（4）后续措施。

《网络隐私保护框架》提出了两个方案：一是将《消费者隐私权法案》提交至国会，形成联邦立法，进而制订细则强制实行；二是如果国会没有通过，不能形成联邦立法，奥巴马政府将召开多方利益相关者会议，以该法案为模板制订行为准则，由美国联邦贸易委员会强制执行。由此可见，奥巴马政府高度重视推动网络隐私保护立法工作。

4.2 行业自律

信息技术的迅速发展，带来了海量个人数据搜集、存储和处理，既有利于产业和技术创新，也会引起个人隐私泄露担忧。行业为了自身的可持续发展，也意识到自律的重要性。尤其是信息技术的领头羊美国，行业自律扮演了很重要的角色。其他国家和地区也在逐步增强行业自律能力。

4.2.1 美国

美国是一个特别重视企业的创造力与创新性的国家，暂没设定隐私保护最低要求的综合性联邦法律。美国政府认为，自律机制（包括企业的行为准则，民间"认证制度"以及替代争议解决机制）配合政府的执法保障，可以有效地实现保护隐私的目的。为此，美国政府一直保持与商界和消费者团体的对话，鼓励更多地保护隐私，采用自律性的隐私保护政策。

美国对于网络个人隐私的保护，偏重行业自律，并创造了许多新颖的形式，可为我国在制定相关政策的时候借鉴。美国在网络隐私权保护方面主要采取政策性引导下的业界自律模式，国会立法只起到补充与辅助的作用。最具特色的形式是建议性的行业指引（Suggestive Industry Guidelines）和网络隐私认证计划（Online Privacy Seal Program）（见表4-3）[1]。

---

① http：//article. chinalawinfo. com/article_ print. asp？ articleid = 1823.

建议性的行业指引是由网络隐私权保护的自律组织制定的，参加该组织的成员都承诺将遵守保护网络隐私权的行为指导原则。最典型的代表是美国隐私在线联盟（Online Privacy Alliances，OPA）的隐私指引。网络隐私认证计划是一种私人企业致力于实现网络隐私权保护的自律形式。该计划要求那些被许可在网站上张贴隐私认证标志的网站必须遵守它的行为规则，并且服从于多种形式的监督和管理。这种具有商业信誉的认证标志便于消费者识别那些遵守行为规则的网站，也便于网络服务商显示自身遵守规则的情况。目前，美国有多种形式的网络隐私认证组织，最有名的是 TRUSTE 和 BBB Online。

表 4-3   美国网络隐私行业自律管理模式

类 别	组织名称	简 介	特 点
建议性的行业指引（Suggestive Industry Guidelines）	在线隐私联盟（OPA，Online Privacy Alliances）	美国在线隐私联盟是美国的一个产业联盟，它于 1998 年 6 月 22 日公布了它的在线隐私指引，该指引将适用于从网上搜集的消费者个人可识别信息。根据该指引，OPA 的成员公司同意采纳和执行张贴 OPA 的隐私政策，该政策规定了应全面告知消费者网站的资料搜集行为，包括所搜集信息的种类及其用途，是否向第三方披露该信息等。	该联盟呼吁自我执行的机制，如为消费者提供某种程度救济的网络隐私认证计划（Seal Program 亦直译盖印计划）。OPA 的指引被许多主要的隐私认证计划所采用，并将之作为它们自身的认证标准和加入认证的条件。

类　别	组织名称	简　介	特　点
网络隐私认证计划（Online Privacy Seal Program）	TRUSTE	是美国电子前线基金会与Commerce. net共同发起的以倡导网上隐私保护为主旨的非营利性机构，各网站均可以与TRUSTE签订具有法律约束力的协议参加该组织，并遵守其所要求的网络隐私保护的基本原则，取得在自己的网站上粘贴短的认证标志的许可，从而向消费者表明自己是对消费者网络隐私负责的网站。微软 IBM、AT&T、EXCITE和COMPAQ等知名公司均是其认证成员。对各网站执行协议的情况进行随机抽查，发现违反者将取消其使用TRUSTE认证标识的权利，并将其列入"不守规矩的网站"的名单中，严重违规的网站也可能以欺诈罪被推上法庭。	有关隐私保护的基本原则是以OPA指引中的有关原则为蓝本的；其发展迅速，在短短两年之内，申请加入认证的网络服务商达到1000多家，且多为著名的ISP，规模甚大。它是一个民间的认证机构，虽具有审查权，但那只是基于认证协议的规定，不具有强制执行的效力，该机构所能给予的最强的惩罚为取消认证。在争端解决上采取诉讼外解决方式（ADR），并在其中发挥监督和调解的作用，可受理消费者的有关投诉；该组织仅为自律性组织，并非官方的委员会，故不排除最终的官方解决途径，可转由联邦贸易委员会审理。

类 别	组织名称	简 介	特 点
网络隐私认证计划（Online Privacy Seal Program）	BBB Online	由多家知名企业联合组织发起 BBB Online Privacy 项目并设计徽标，各公司可以在网页上放置此徽标，表示他们自愿遵守 BBB Online Privacy 有关隐私权保护的指导原则。BBB Online 正将对其成员执行隐私指导原则的情况进行监督检查，违规者将或被取消成员资格，或被公开点名或被移送政府有关部门。	涵盖的个人信息的范围不仅包括个人可识别信息，还包括潜在的个人信息。消费者投诉争议解决程序有许多的遵从激励机制（complianceincentive system），包括对于决定的公告机制，中止和取消 BBB online 的认证，以及递交给联邦贸易委员会该申诉。BBB online 还承诺要采取第三方的评价机制，但是尚未执行。

4.2.2 英国

英国的行业自律组织也发展较好，在个人隐私保护领域起到了重要作用。英国较有影响的两个组织为隐私国际和老大哥观察。

隐私国际①，一个在英国伦敦注册的非营利性机构，成立于1990 年，是第一个隐私保护的国际性的组织，致力于争取世界各地的隐私权。它调查政府监控及企业的个人数据应用，掌握了证

---

① http：//www. privacyinternational. org.

据即提起诉讼，并倡导建立、健全强有力的隐私保护国家、区域和国际法律，以确保公众知情和参与。2010年，隐私国际曾指责谷歌公司通过安全性低的无线网络散布"流氓"代码搜集网络信息，使得独立审查机构对谷歌的"街景"工程进行审核，引起很大反响。

老大哥观察①，一个在威斯敏斯特注册的非营利性机构，成立于2009年。致力于反对监视和对公民自由产生的威胁。该组织涉猎甚广，包括在线隐私保护、监督政府的个人数据采集、组织团体活动等。2013年9月老大哥观察爆出，英国300个市政府在过去五年以最低每次4.5英镑的价格，向比萨外卖店、地产代理、营销公司等2700家公司出售数以万计的选民资料，各市政府已从中赚取25万英镑。选民数据每年被卖出数百次，令选民备受广告电话、垃圾邮件等滋扰，选民每年因此收到30亿封垃圾邮件。

4.2.3　日本

日本的行业自律影响力相对而言不及美英等国家，它主要通过民间组织、团体、协会制定自律性质的行业规定等，来保证个人数据的良性流通。如1988年，日本信息处理开发协会制定了《关于民间部门个人信息保护指导方针》。

4.2.4　国际组织

不少国际组织也出台了行业自律的指导性建议，或者组织各

---

① http://www.bigbrotherwatch.org.uk/.

种国际交流。经合组织的全球电子商务对话（Global Business Dialogue on Electronic Commerce），泛大西洋商务对话（Trans-Atlantic Business Dialogue）以及各种消费者组织等都是推动隐私保护的重要举措。经合组织于1980年制定的《隐私保护与跨境数据流指南》、《1998年全球隐私网络渥太华宣言》，都强调了行业自律的重要性。

4.3 技术创新

国外不少企业将个人数据隐私保护视作商机，推出各种产品和服务，协助人们保护隐私。一种类型是开发个人数据保护的软件产品，协助加密、反追踪或者销毁个人数据；另一种是开发无数据搜集功能的产品，使用户放心使用。

4.3.1 个人数据保护产品

目前推出的个人数据保护产品种类繁多，主要归为以下三种。

（1）反追踪。

反追踪产品中有代表性的是 Do Not Track（Dnt）。这是针对在线广告公司等网上的跟踪行为，向消费者提供的一种能够简单谢绝跟踪的手段。它是由非营利性组织 CDT（Center for Democracy and Technology）于2007年最早提出的。Do Not Track 的制定模仿了 National Do Not Call Registry（美国谢绝来电计划），后者是在国民要求屏蔽电话营销等骚扰推销电话的呼声中于2003年启动的一项计划。在"谢绝来电计划"中，只要将自己的电话号码在FTC提供的一个系统上进行注册，就可以很容易地谢绝那些推销电话。目前，包括曾经对加入 Do Not Track 功能持消极态度的 Google Chrome 浏览器在内，主流浏览器全部声明对该功能提供支持，而且覆盖行为定向广告约9成业务的在线广告业界也对此表示赞同，因此只要用户在浏览器中选择谢绝跟踪（即选择退出），行为定向广告就基本上不会显示了。

（2）加密。

加密的软件产品数量众多，目前较受欢迎的有 Disconnect.me、Tor 和 TextSecure。

Disconnect.me 是一款具备隐私保护特点的软件。它是一款隐藏网上身份的浏览器扩展工具。Disconnect.me 可以让你监控和阻止网站搜集你的数据，目前可以监控超过2000个网站。一旦发现网站试图获取你的数据，它将把数据进行加密处理。在没有得到用户允许的情况下，Disconnect.me 不会搜集用户的 IP 地址和任何个人信息。

洋葱路由器托尔（Tor）原本由美军开发，如今由非营利的"托尔计划"负责管理。托尔在全球有50多万用户，其中15%在美国。托尔可帮助网民隐藏 IP 地址，有效阻止被追踪。这个程序既没有"后门"，也从不保留可以确认其用户的记录。

TextSecure 对短信加密，无论是发送过程还是存储在手机时都是加密的。它与一般的短信应用程序几乎一样，而且也很容易使用。TextSecure 为默认的短信应用程序提供了一个安全和隐私性能更好的替代程序。所有消息都是在本机加密的，因此，如果手机丢失或被盗，消息仍是安全的。而且，TextSecure 不是简单地把信息隐藏起来，而是采用加密技术确保信息真正的安全。

（3）销毁。

这种技术也被称为即时信息，即消息发给接受方后，会在指定的时间内自动销毁，不留痕迹。这类产品数量不多，主要应用于移动智能终端，如 Wickr 公司开发了一种同名应用程序。

4.3.2　隐私风险产品的替代产品

美国"棱镜门"引起全球关注，更引发互联网用户对隐私的顾虑。因担心隐私受侵犯，为求自保，一些网民纷纷寻找新的替代工具，这让隐私保护软件大为受宠，下载量和搜索量飙升。

搜索引擎方面，DuckDuckGo 近来异军突起。DuckDuckGo 创办于 2008 年，曾被《时代》杂志评为 2011 年 50 个最佳网站之一。与一般搜索引擎不同的是，DuckDuckGo 并不会对用户行为进行追踪，而是采取新的技术来提升其搜索质量，主张维护使用者的隐私权，并承诺不监控、不记录使用者的搜寻内容。自"棱镜门"事件曝光后，DuckDuckGo 的搜索量不断创出历史新高，目前其单日搜索已超过 300 万次。有美国科技网站预计，从 DuckDuckGo 的搜索量暴增可以看出，互联网用户正越来越关注隐私问题，DuckDuckGo 将逐步成为重要的搜索引擎。

4.4 启示

通过上述分析可知，各国的隐私保护法律法规、行业自律以及技术创新方面的合理之处，都是基于其国情民意逐步形成并完善的。我国个人数据隐私规制应充分吸收和借鉴欧盟、美国、日本的先进经验，从自身的实际情况出发，多管齐下。

（1）完善法律法规。

目前我国有近40部法律、30余部法规以及近200部部门规章涉及个人信息保护。针对个人信息的法律法规并不少，然而内容较为分散、法律法规层级偏低。大数据时代的到来，对隐私保护立法提出了更高的挑战。应完善相应的法律法规，明确隐私范围，保障个人对数据搜集的知情权，加大隐私泄漏惩罚力度。在公民的个人隐私遭到侵犯时能及时并按照法律法规维护自己的合法权益，并运用法律法规的知情权及时了解个人数据的搜集目的，并跟踪其使用情况，确保个人数据的正当使用。此外，要研究国内与国外法律对接问题，使隐私保护法律法规有利于国内企业向国外拓展市场。

（2）加强国人隐私观念调研。

由于对网络缺乏安全感和信任感，不少国人疏远甚至拒绝网络。我国传统文化、制度、消费心理等方面与欧美存在很大差异，网络隐私保护不宜生搬硬套，应深入研究具有自身特色的网络隐私保护问题。一方面，需总结中国隐私法律和网络隐私政策的现状、特点、类型等，调查利益相关者对相关法律和企业隐私管理手段的认识和接受程度；另一方面，要根据中国用户特点开发相应的调查量表[13]，界定消费者隐私关注和行为意向的构成，通过实证研究厘清隐私关注与文化、制度以及消费者个人特征、隐私风险等各维度之间的关系。通过全面深入的调研，为国家制定网络隐私保护法律法规和政策、行业协会和企业制定网络隐私保护策略提供参考，从而进一步提升国人对网络的信任度，促进网络经济可持续发展。

（3）加强行业管理。

考虑到信息技术日新月异的发展，我国应加强顶层设计，全面提升互联网、移动互联网等各种网络空间隐私保护水平。一方面，推动国家标准的制定。相关机构在力推"个人信息保护"专项国家标准，这有助于加强行业自律。但是，网络的特殊性要求隐私保护还应有具体可行的操作规则，所以还需要在"国标"的基础上进一步制定网络隐私保护法律法规。通过建立信息泄露源追溯机制、信息泄露惩罚补偿机制、群众举报奖励机制等，进一步明确隐私保护措施。另一方面，鼓励行业协会加强自律和他律。借鉴国外经验，我国可考虑成立第三方网络隐私认证评级机构，对企业或者网站的隐私声明、隐私保护技术、隐私保护流程等进行综合评估，对外公布认证结果及星级标准[14]。

（4）促进国内隐私保护产品研发。

隐私保护的普遍需求必将催生相关供给，如"360"推出的专门曝光"窥私"软件的个人隐私保护工具,网秦有关解决移动互联网的用户隐私保护的软件。针对这种情形,各级政府应加大对企业隐私保护软件研发的支持力度,鼓励企业加大相关产品及应用的研发投入力度。与此同时,通过电子信息产业发展基金等项目给予资助,引导企业进行技术创新,不断推出新产品及应用。

5 中国隐私观念调查分析

　　大数据时代下，网络强大的信息采集和监测能力，在给人类社会提供便捷服务的同时，也存在着很大的风险和挑战，比如，个人信息的易得性使信息接收者和信息使用者的行为难以得到规范和约束；通过关联性的数据挖掘，能够在表面毫无关联的海量数据中发现个人的很多隐私信息，给信息安全和隐私保护带来了新的隐患。作为享有数据隐私权的公民个人对此很难阻止。而且，丰厚的商业利润也根本无法阻止拥有数据库的商业组织将搜集到的个人数据进行整合、分析和利用。更让人担心的是，一些国家的政府还经常以"国家安全"为名义，通过"立法"等途径合法化对个人数据信息进行随时监控和检视。

　　为此，将依据个人数据观念问卷调查结果，确定个人数据隐私关注的主要内容，找出个人隐私信息泄露的可能途径，以及各个途径之间的相关关系。为进一步针对不同隐私信息及其所属人群特点，深入研究保护个人隐私、维护个人隐私权的具体策略、方法与步骤，为促进大数据环境下个人数据隐私保护提供参考。

5.1 抽样概况

5.1.1 抽样方法

本书参考国内外相关文献，自行编制调查问卷，经反复修改及预调查后形成最终问卷。本次调查采取了在线和离线两种调查方法。为了开展在线调查，将调查问卷挂在著名的专业调查网站"问卷星"网站进行注册（http：//www.sojump.com/jq/3086723.aspx）。在线调查对象主要包括同事、朋友、学生、QQ 群友、人人网好友、微博好友、微信好友、网站访客等。为了开展离线调查，一是借会议、研讨之机开展现场调查，二是组织学生深入学校、工厂、街头开展现场调查。本次调查历时 2 个月时间，共发放调查问卷 600 份，回收有效问卷 509 份，回收率达 84.8%，其中在线问卷 313 份，离线问卷 196 份。为了弥补问卷调查的不足，围绕隐私顾虑的重要问题，选择了 20 个样本进行访谈，（访谈提纲见附录二）。问卷及访谈调查均在 2014 年 1 ~ 3 月进行。

5.1.2 样本构成

其中男 250 份，女 259 份。详细构成如表 5 - 1 所示。

从性别来看样本分布，男女基本各半；从受教育程度来看，本科学历最多，主要因为低学历者缺乏填写问卷的积极性；从职业来看，各行各业都有所覆盖；年龄结构方面，由于大龄的受调查者在阅读及填写问卷时存在一定的困难，无效问卷较多。总体来说，抽样调查方法具有较好的代表性。

表5-1 研究样本的描述统计信息

单位:%

	特　征	问卷比例	访谈比例		特　征	问卷比例	访谈比例
性别	男	49.1	55		全日制学生	14.7	10
	女	50.9	45		公务员	6.3	10
年龄	18岁以下	2.7	5		专业人士	16.1	10
	18~30岁	57.5	30		军人	0.2	5
	31~40岁	29.1	30	从事的职业	市场/公共人员	7.1	10
	41~50岁	8.1	15		财务/审计人员	7.9	10
	51~60岁	2.1	10		文职/办事人员	22.2	15
	60岁以上	0.5	10		技术/研发人员	16.5	10
受教育程度	初中及以下	3.1	5		教师	3.1	15
	高中/职专	3.9	10		其他	5.9	5
	专科	10.4	15				
	本科	65.8	30				
	硕士及以上	16.8	40				

5.2　隐私内容

5.2.1　隐私内容概述

"隐私"作为人们熟知的生活概念，其内容随着时代背景及区域文化而不断变化。时代背景方面，Warren 和 Brands（1890）最早提出的隐私概念主要包括思想、观点和情感[70]。随着新闻媒体的发展，Prosser（1960）通过总结 200 多个案件判例指出，隐私主要包括，肖像和姓名、私人空间、不愿让外人知道的秘密、容易被他人误解的私人信息[73]。随着网络的发展，尤其是电子商务和社交网络的普及，人们对隐私的关注日益升温，Pederson（1979）在此基础上又增加了朋友信息、家人信息[74]。大数据时代的到来，隐私被推到了风口浪尖。国外也有一些研究成果，Wong（2012）认为音视频数据属于隐私[75]，Schadt（2012）认为个人的网络言论、照片、朋友圈等数据都属于隐私[76]。区域文化方面，欧盟对隐私执行相对严格的标准，隐私范围较广，一般诸如个人年龄、工资、信用状况、财产状况、身体状况、就业状况、家庭状况、爱好习惯、网络言论、网购记录等都包括在内，并有相关的法律保护[16]。美国[77]和日本[72]对隐私划定的范围相对较窄，主要包括个人年龄、家庭住址、财产状况等内容，对网购记录、网络言论等都没有特别保护。国内的相关研究起步较晚，代表性的观点有：张新宝认为，公民依法享有的住居、财产状况、社会关系、性生活以及不愿对外公开的信息等都属于隐私[78]；王利明认为，非法获取个人信息、干涉个人私事的决定等都属于侵犯个人隐私行为。[79]

大数据时代背景下，通过关联性的数据挖掘，能够在表面毫无关联的海量数据中发现个人的很多隐私信息，给信息安全和隐私保护带来了新的问题。现有文献对大数据时代背景下中国的个人隐私内容缺乏专门的研究。为此，本书将通过问卷调查和深度访谈，确定个人隐私的主要内容。应用交叉分析，针对不同隐私信息及其所属人群特点，提出个人数据隐私保护的措施建议。

5.2.2 调查情况

在调查问卷设计过程中，根据国人的实际情况，排除了普遍认同为隐私的姓名、肖像、住址等项目，列举了12种个人数据项目，其中有的项目是近年来新出现的热点，如网购记录、公共场所视频；有的是和国外隐私观念明显不同的项目，如家庭成员、婚育状况。

调查显示，根据是否属于个人隐私的概率从高到低依次为：电话号码（76.23%），QQ及飞信等社交软件账号密码（70.33%），家庭成员（66.99%），指纹、声纹、DNA等个人生物数据（63.46%），IP地址及手机位置信息（58.74%），工作单位（55.6%），上网记录（55.01%），网购记录（54.81%），婚姻与生育状况（53.83%），公共场所被拍摄的视频、音频资料（43.22%），社交网站的朋友及动态（35.36%），遵纪守法情况（24.75%），（见图5-1）。

绝大多数公民已经意识到电话号码属于隐私范畴。随着大数据产业的发展，个人数据需求日趋旺盛，商家通过搜集消费者的个人身份信息，通过分析、评估能够获得个人的隐私信息，推断顾客行为，从而实施定点营销，获取超额利润。其中，电话号码

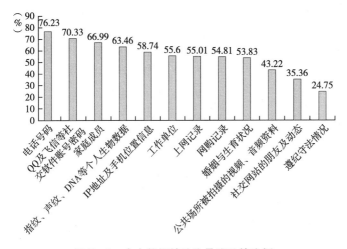

图 5 - 1　个人数据被认为是隐私的比例

成为商家获取个人身份信息最常用的途径，顾客经常会受到商家不定时的电话骚扰。另外，QQ、飞信等都可以用手机号绑定，并且可以用手机号登录，只要能收到验证码，就可以忽略之前设置的密码而直接登录，这招致了巨大的隐患，不少不法分子利用该漏洞进行诈骗，很多用户已经意识到该隐患的存在。

对于家庭成员和个人生物数据等信息，人们意识到其特殊性，大多数人把其列入隐私的范畴。而工作单位、婚姻与生育状况也反映了个人特殊身份的信息，却并没有引起大家的重视，这与国外的观念有很大的反差，国外对这两项个人信息非常重视。目前，在中国，求职过程中，女性是否结婚并生育直接影响其求职结果。

公共场所拍摄的视频和音频资料、上网记录、网购记录，人们在生活中一般感受不到其价值，所以很多公民并不认为这些个人信息属于隐私。其实，这些是非常重要的个人信息，且它们都以数字化的形式存在，对个人有很大的影响。某些个人的视频、音频资料如果被非法分子利用，并被迅速扩散，也可能产生严重的隐私侵犯后果，如网络上常见的人肉搜索事件，对当事人无不造成学习、工作与生活上的重大困扰，而要消除人肉搜索导致的隐私泄露危害，是非常困难的。

社交网站的朋友动态和遵纪守法情况等信息没有引起公民足够的重视。其实这两项亦是非常重要的个人信息，许多犯罪分子可通过获取他人的动态信息，迅速地了解被监视者的喜好、活动范围等信息，从而做出犯罪规划，以便更好地实施犯罪，这会对公民的人身安全造成极大的威胁。提醒公民应重视社交网站的个人信息保护，设置浏览权限。

遵纪守法情况对公民的未来发展也是极其重要的，很多招聘单位对有过犯罪前科或有过违法记录的人是不予录用的。但是这对于很多已经痛改前非的人来说是不公平的，这意味着失去了就业的机会。由于不受社会认可，他们只能重操旧业，形成恶性循环。

5.2.3 交叉分析

对本次调查结果的分析除了采取传统的统计分析方法之外，还着重利用调查结果数据库开展调查选项之间的横向与纵向交叉分析，依此探求调查选项之间的内在联系。在问卷中设置性别、年龄段、受教育程度、职业 4 个维度展开调查，本书主要采用前两个维度，对主要的调查选项进行双因素交叉分析。双因素交叉分析方法可抽象地描述为：

设有调查样本类 $X = \{x_1, x_2, \cdots, x_m\}$ 和 $Y = \{y_1, y_2, \cdots, y_n\}$，则交叉分析结果为：$X \times Y = \{(x_i, y_j) \mid x_i \in X, y_j \in Y\}$

5.2.3.1 基于性别的交叉分析

通过不同性别对于隐私内容认识的交叉分析发现，女性认为个人信息属于隐私的比例高于男性，说明女性对个人信息更为敏感，如表 5-2 所示。并且在主动地采取措施保护个人隐私信息和从未意识到个人隐私信息需要保护两个选项中，男性为 22.80% 和 6.00%，女性为 31.66% 和 1.54%（见表 5-3）。这表明男性普遍"粗心"和"懒惰"，而女性则比较"细心"和"主动"。

表 5-2 不同性别对于隐私内容认识的交叉分析

单位:%

隐私内容 ＼ 性别	男	女
家庭成员	47.51	52.49
工作单位	44.88	55.12
公共场所被拍摄的视频、音频资料	45.00	55.00
电话号码	45.10	54.90
QQ 及飞信等社交软件账号密码	47.77	52.23
社交网站的朋友及动态	46.67	53.33

隐私内容	性别	男	女
婚姻与生育状况		45.99	54.01
指纹、声纹、DNA 等个人生物数据		44.58	55.42
遵纪守法情况		50.00	50.00
IP 地址及手机位置信息		44.15	55.85
上网记录		46.79	53.21
网购记录		44.09	55.91

表 5 - 3　不同性别对于隐私保护措施的交叉分析

单位:%

	主动地采取措施保护个人隐私信息	有防范意识但没有采取特别保护措施	有防范意识但不知道如何采取保护措施	从未意识到个人隐私信息需要保护
男	22.80	57.20	14.00	6.00
女	31.66	50.97	15.83	1.54

如表 5 - 3 所示,女性虽然具有隐私防范意识,但没有防范技术。女性对隐私信息较为敏感,而采取主动防御措施保护个人隐私信息的比例低于男性。泄漏个人隐私的途径非常多,例如,有经验的黑客可以根据你平时喜欢浏览的网页分析你的个人行为,判断个人爱好,从而得知你的隐私信息。但是女性在这方面的技术防范能力比较差。

5.2.3.2 基于年龄段的交叉分析

通过年龄段对于隐私内容认识的交叉分析发现，18岁以下的未成年人和40岁以上的中老年人对隐私的认识程度明显低于18~40岁的青年人（见表5-4）。18岁以下的未成年人对隐私事物和非隐私事物之间的界限认识比较模糊和混乱，对隐私事物缺乏足够明确的认识。而40岁以上的中老年人，思想观念比较保守，具有传统的价值观，所以在隐私意识方面显得较为薄弱。如表5-5所示，在主动地采取措施保护个人隐私信息选项中，18岁以下青少年的比例占到71.43%，说明青少年群体一旦意识到自己的隐私信息被泄漏，保护意识会非常强。而51~60岁的人士中，有防范意识但没有采取特别的措施的占72.73%。由于中老年人受传统观念的影响，本来保护个人信息意识就非常强，一般都会有保护意识，但是迫于知识或精力的限制，基本不会采取特别的保护措施。

表5-4 年龄段对于隐私内容认识的交叉分析

单位:%

年龄 隐私内容	18岁 以下	18~30 岁	31~40 岁	41~50 岁	51~60 岁	60岁 以上
家庭成员	2.35	59.53	29.33	7.04	1.76	0.00
工作单位	1.06	54.06	34.28	8.13	1.77	0.71
公共场所被拍摄的视频、音频资料	0.45	56.36	33.64	7.73	1.82	0.00
电话号码	1.29	59.28	30.41	7.99	1.03	0.00

年龄 隐私内容	18 岁以下	18~30 岁	31~40 岁	41~50 岁	51~60 岁	60 岁以上
QQ 及飞信等社交软件账号密码	1.12	59.50	28.77	8.10	2.23	0.28
社交网站的朋友及动态	0.56	61.11	31.67	5.56	1.11	0.00
婚姻与生育状况	1.09	55.47	33.21	7.66	2.55	0.00
指纹、声纹、DNA 等个人生物数据	1.24	58.82	30.03	7.43	2.17	0.31
遵纪守法情况	0.79	57.14	30.95	7.94	2.38	0.79
IP 地址及手机位置信息	0.33	60.54	31.10	6.35	1.67	0.00
上网记录	1.07	60.71	30.00	6.43	1.43	0.36
网购记录	0.72	58.42	32.62	7.17	1.08	0.00

表 5-5　年龄段对于隐私保护措施的交叉分析

单位:%

年龄段	主动地采取措施保护个人隐私信息	有防范意识但没有采取特别保护措施	有防范意识但不知道如何采取保护措施	从未意识到个人隐私信息需要保护
18 岁以下	71.43	14.29	14.29	0.00
18~30 岁	26.28	52.90	16.04	4.78
31~40 岁	27.70	58.11	12.84	1.35
41~50 岁	24.39	58.54	14.63	2.44
51~60 岁	9.09	72.73	9.09	9.09
60 岁以上	0.00	0.00	50.00	50.00

分析可知，18 岁以下未成年人的隐私认识程度较低，未成年人的隐私意识处于形成期的初级阶段，在隐私的具体含义及范围认识方面，则显得较为模糊，而且个体差异也比较大。虽然目前大部分未成年人的公共意识都有所提升，但是对公域与私域的区分尚缺乏足够明确的认识，这直接影响了其隐私观念的细化，必然会造成未成年人在隐私事物和非隐私事物之界限上的模糊和混乱，不利于培养未成年人正确的隐私观念。

50 岁以上的中老年人有隐私保护意识，但基本不采取防范措施。由于中老年人自身的特殊性，他们的包容性更强。一方面，当他们发现个人隐私被泄漏时，会选择坦然地去面对。另一方面，他们的隐私安全应对技能也不熟练。

5.2.4　措施建议

本书提到的许多个人数据信息如家庭成员、工作单位、婚姻状况、网购记录、上网记录等在现实生活中不一定具有现实意义，但在大数据背景下，其经过整理加工之后所形成的数据资料具有经济价值，但同时，极有可能泄露个人隐私。在新的时代背景下，需要使国人及时更新隐私观念。

5.2.4.1　完善相关法律，明确个人数据保护范围

中国应借鉴国外的相关立法，并结合中国的实际，加快制定关于公民个人数据隐私保护的法律法规，明确个人数据的保护范围，真正让公民做到有法可依。由于个人隐私涉及的内容比较广

泛，如果侵犯隐私的法律法规不够具体，依然起不到明显的效果，当公众的隐私受到侵犯时，仍会陷入无法可依的怪圈。因此，相关的法律法规应首先明确隐私的内容，然后针对不同的内容分别立法。这点应借鉴美国的立法。例如，美国针对银行内客户个人账户资料泄漏问题，制定了《金融隐私法》；针对窃听监视电子信息，如通话内容被泄漏等问题，制定了《电子通讯隐私权法》；针对非法搜集儿童资料的问题，制定了《儿童在线隐私权保护法》，规定对 13 岁以下儿童资料的搜集要征得家长的同意[80]。

5.2.4.2 加强未成年人隐私观念教育

人们的隐私观念应该随着时代变化不断更新，应针对不同的人群进行隐私观念教育。尤其是未成年人。由于未成年人接受新事物的能力比较强，如果家庭和学校在未成年人的隐私观念的形成过程中不介入，任由其自发形成，这将不可避免地导致未成年人隐私观念的混杂性及盲目性。因此学校和家庭应该在未成年人隐私观念形成方面进行直接介入和指导，教育未成年人如何尊重他人隐私，如何保护自己的隐私，防止出现隐私观念上的偏差和失误，以树立正确的隐私观念，保护自身隐私的同时充分尊重他人隐私的权利。

5.2.4.3 加强隐私保护技能培训

随着全球人口老龄化趋势的加快，老年人扮演着越来越重要的角色，社会对其的关注度也不断提高。老年人的个人信息将成为商家未来争相挖掘的对象。虽然中老年人有防范意识，但是很多隐私信息的泄漏都是在"不知不觉"之中发生的。未成年人、女性群体也面临着技能欠缺的问题。因此，应加强老人、未成年人和女性群体信息安全技能方面的培训。一方面，可以通过公益广告或者讲座等形式进行相关技能的宣传推广；另一方面，可以通过学校进行相关教育培训。

5.3　隐私关注

大数据时代，个人数据成为一种重要的资源。然而，大数据强大的分析功能，使个人数据的隐私面临着很大风险。要使个人抛开疑虑，分享其个人数据，需要对其隐私关注进行深入研究。

5.3.1　隐私关注概述

隐私关注（concern for privacy，或译作隐私顾虑）是指个人将其数据信息提供给某个组织后，对组织如何使用及保护个人信息的一般关注[81]。国外对此关注较早，主要分为两类观点：其一，四维度论。Smith 等（1996）在对已有研究进行综述的基础上，开发了一个隐私关注量表，设置了四个维度，依次为搜集、未经授权的二次使用、不正当获取和错误[82]。Culnan 从程序公平和信任的角度对此量表进行了检验[83]。Stewart 和 Segars（2002）通过问卷调查获得了 355 个有效样本，并采用验证性因子分析，对 Smith 所开发的隐私关注量表进行了验证，发现隐私关注的核心就是控制，反映的是消费者对企业实践的感知及其对这种实践的控制需求[84]。其二，三维度论。Malhotra（2004）在 Smith 的研究基础上提出了一个在线隐私关注的理论框架及量表，主要包括搜集、控制和对隐私实践的知晓三个维度[85]。Murdoch 研究了医疗领域大数据应用的隐私关注问题，提出了病人知情的重要性[86]。国内对于隐私关注研究方面的文献不多，杨姝等引入了四维度量表，检测其在我国电子商务中消费者信息隐私关注的适用性，发现其具有一定的信度[87]。综观国内外现有文献，一方面它们对于大数据时代的个人数据的隐私关注问题缺乏相关研究，互联网、移动互联网、物联网等无所不在的数据采集方式，多类型、非结构化的海量数据处理技术，隐私风险大大超出传统的网络环境；另一方面，中国特有的国民性格，独特的社会文化环境，国外已有模型即便检验有效，也未必能全面反映国人的隐私关注点。

因此，为了充分了解大数据时代背景下国人隐私关注的主要维度，课题组组织了问卷调查及深度访谈。根据调查所得的一手数据，从理论上对此进行补充，并对实践提供建议。

5.3.2　隐私关注维度

根据现有文献对隐私关注的分析，综合四维度论和三维度论，假设隐私关注包括以下维度——不知情的情况下被搜集、搜集后不遵守承诺滥用、搜集后本人失去控制权、搜集后不能保障其安全、发生事故后没有相应的补偿，问卷调查情况如图 5 - 2 所示。由此可见，国人隐私关注点主要是在搜集方守信、数据搜集的知情及出现事故后的救济等方面，本书把这三方面归纳为搜集方信用、本人知情、事后救济。对于 Smith 提及的数据妥善保管、Stewart 提及的数据控制，并非很重要的关注维度。结合深度访谈，各维度具体内容如下：

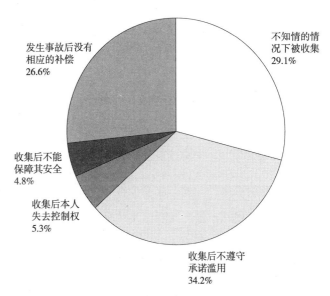

图 5-2　隐私关注的维度占比

（1）搜集方信用。

根据与受访者交流，搜集方的信用主要从两方面衡量。一是考察数据搜集方是否为正规的组织或者网站，是否值得信赖。二是用户在提供个人数据时会进行成本效益分析，权衡收益及可能的隐私风险[88]，这点类似于 Malhotra 提出的"搜集"维度。大多数受访者认为，没有完全值得信赖的个人数据搜集者，只是考虑是否值得提供其个人数据。

（2）本人知情。

数据搜集方是否明确告知个人数据的搜集方式、内容、范围、用途等，将直接影响个人的信任程度。较之于国外文献中提出的"控制"，国人对此没有信心和期望，他们认为信息一旦提供出去，就会基本失去控制权，即便搜集者提出赋予控制权，也是掩人耳目的，不会使其拥有真正的控制权。国人很担心，在不知情的情况下不法分子肆意搜集、处理和贩卖其个人数据信息，而这些非法行为极大提高了个人数据隐私泄露的风险。

（3）事后救济。

当前，隐私泄露事件频发，却很少有相关人员承担责任，受害者往往只能自认倒霉。最为典型的是垃圾短信，发生过多起对垃圾短信的诉讼，每次的判决结果都不利于起诉者。受访者认为，一旦发生隐私泄露事件，对相关责任人的惩罚以及对受害者的补偿至关重要。

5.3.3 隐私关注特点

调研发现，无论是公用事业单位、政府还是企业搜集数据，个人对其都会有隐私安全的疑虑，缺乏信任。隐私关注的具体情况如下：

（1）大部分被调查者没有采取特别保护措施，提供了大量个人数据。

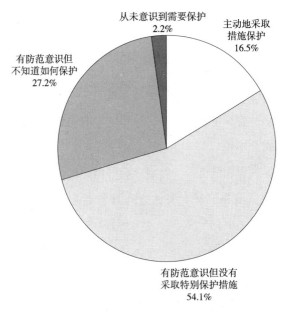

图5-3 个人隐私保护意识及行为情况

尽管隐私信任度不高，用户隐私保护行为并不严密。问卷调查结果显示，主动采取措施保护个人隐私信息的仅占16.5%。也就是说，绝大多数受访者会提供其个人数据信息，即使未取得保护措施。

经过访谈得知，用户提供个人数据的方式及主要原因如下。

一是经权衡利弊后如实提供。为了获得优质服务，或者各种优惠及便利，个人会权衡利弊之后提供其信息。访谈调研了解到，为了人身财产安全，或者不被打扰，绝大部分用户网购时不愿意提供真实的家庭地址。但是为了获得快递送货上门的便利，大部分还是会提供该信息。

二是提供低敏感度的信息。通过牺牲部分便利或者优惠，提供敏感度稍低的信息。如访谈中有人提到，网购的地址选用工作单位的地址，而不用家庭住址。尽管还需要将物品再带回家，但心里更有安全感。

三是提供虚假信息。少数用户会提供虚假信息，以保障自己的隐私安全。虚假信息主要的方式有假名、假地址、假电话号码等。

（2）大部分被调查者对于个人数据应用不知情，以致对其应用很介意。

问卷调查显示，"很多网站提供的服务（如购物网站的商品推荐，社交网站的好友推荐等）都应用了个人信息"，对此不知情者达66.9%。由此可见，大多数国人对于其个人数据的应用并不知情。一方面，企业应用个人数据之时，没有告知用户；另一方面，国人对此类便捷服务熟视无睹，对于个人数据的用途和分析技术认识不够。

对于企业应用个人数据推出产品和服务，66.1%的受访者表示很介意，15.7%的受访者表示介意。由此可见，对于企业在未经许可的情况下应用其个人数据，大部分人心存芥蒂。其中关键原因仍是对企业缺乏隐私信任，认为虽然提供的有些服务确实能得到实惠和便利，但是不能确保企业搜集个人数据后不滥用，并以此牟利。

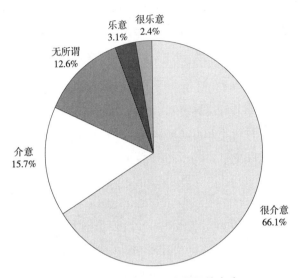

图5-4　企业应用个人数据的态度

（3）大部分被调查者没有实施过隐私控制，也不感兴趣。

在使用社交网站、微信、微博等新媒体时，在个人信息栏目都会有隐私控制选项，如个人资料可以选择"公开、仅好友可见、不可见"等选项[89]。调研发现，大多数人都没有刻意设置，就采用了默认模式。访谈得知，他们大多并不是不知道该选项，而是因为这些社交媒体本来就是跟朋友或外界沟通交流的平台，并且添加或关注的都是一些朋友或喜欢的人，如果设置了权限就封锁住了自己，失去了沟通交流的意义。

（4）大部分被调查者认为隐私泄露救济措施很重要，受侵犯后不少人选择默默忍受。

由图 5 - 5 可知，很多受访者都希望有救济措施，但是访谈到隐私侵犯事件的应对之策时，采取诉讼措施的人仅占 5.7%；选择举报的也不多，仅为 19.9%；选择网络发帖，提醒大家别上当的占比最大，有 39.8%。访谈得知，主要原因是诉讼和举报基本没有实际效果，诉讼成本大，即便有胜算，也不会获得多大的补偿。有的人反应不知道向谁举报，有的人反应举报之后经常没有回复，不了了之。

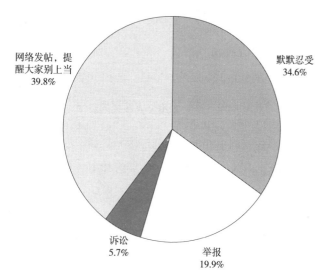

图 5 - 5 个人信息受到侵犯的反应

5.3.4 措施建议

5.3.4.1 加强传播正确隐私关注观念

加强正确的隐私观念教育，消除狭隘的隐私保护意识，科学合理地分享个人数据，根据不同的情况，选择个人数据公开的范围及数据的敏感度，使公民既享受到大数据带来的便利，又能维护个人信息的安全。

（1）公益广告。

公益广告潜移默化地影响着人们的行为方式、思维方式的变革，促进人们价值观念的形成，同时也是解除公众防范心理的最好形式。大数据时代，公民已经越来越注意到个人数据的价值，通过一系列公益广告加以表达，使公民的隐私观念增强，越来越多的人更加慎重地分享个人数据。通过高品位的思想性和艺术性结合的公益广告，鼓励公民为保护隐私而积极举报，与不法的数据搜集、处理、交易行为抗争。

（2）知识讲座。

举办隐私教育的知识讲座，邀请相关领域的专家作为主讲人，一方面，系统地给听众讲解如何树立正确的隐私观念，消除狭隘的隐私观念，科学合理地分享个人数据；另一方面，教授隐私保护技巧，使人们提高自我保护能力。

5.3.4.2 保障个人的知情权

保障个人对数据搜集的知情权，在公民的个人隐私遭到侵犯时能及时按照法律法规维护自己的合法权益，并运用法律法规赋予的知情权及时了解个人数据的搜集目的，并跟踪其使用情况，确保个人数据被正当使用。英国法律要求，企业或政府在让人们提供个人信息时，必须告知其使用信息的主体、目的等事项。德国、瑞士的法律规定，个人有权向其数据使用组织提出查询请求。出于成本的考虑，对于查询请求，个人数据使用组织至少每年保障一次。国内应借鉴这些做法，通过立法手段保障个人对自己数据使用的查询权。

5.3.4.3 加强违法惩罚力度

违法成本太低是当前隐私泄露严重的重要原因之一。国内发生好几例起诉移动运营商及广告公司垃圾短信的诉讼案，大多是原告败诉，即便胜诉，往往也赔偿很少，不够诉讼成本。在德国，如果公民收到垃圾短信，法律会判定个人私生活安宁受到侵犯。在美国，向手机用户发布消息必须得到用户明确的许可，违反者将会受到最高可达600万美元的罚款和1年的监禁，而且公众有权自由选择手机服务商或发送商作为起诉的对象。重罚之下，不良组织不敢肆意侵犯个人隐私。此外，隐私保护应建立集体诉讼机制。由于隐私侵犯往往是批量发生的，只要有一个人发起诉讼，其他所有相同利益受损者也应获得补偿。

5.3.4.4 完善举报激励机制

当个人隐私被泄漏时，大部分公民往往选择默默忍受。因为，目前，国内没有有效的隐私泄漏救济措施。选择诉讼，成本太高；选择举报，途径太少，而且大多数不够方便快捷，影响举报人的积极性。

（1）丰富举报途径。

传统的举报途径有来信、来访、电话等，但这些举报途径效率不高。随着大数据时代的到来，需要更直接、更彻底、更尖锐、更隐蔽、更能互动、更能保护举报者权益的方式。因此，要从传统的举报途径向现代途径倾斜，比如，微博举报途径、微信举报途径、飞信举报途径等。这些举报途径效率高，在极短的时间内，就能迅速占据网络媒体、各大论坛的首页或头条，容易引起相关部门的重视。但是传统的举报方式也不能忽视，特别是对于老年人，很多人不会用微博、微信，很少上网，更有人不会使用汉语拼音，不会打字。如果请其他人帮忙打字上网，又担心泄露举报的信息。所以，选择写信、上访的方式仍是很多老年人的选择。

（2）设立举报激励机制。

为了提高举报人员的积极性，应对举报人员实施激励机制，激励机制分为物质激励与精神激励。目前对举报泄漏个人信息的有功之人主要进行物质奖励。例如，美国法律中规定违法人要缴纳一定的罚金，并且从查处的罚金中，用来支付保护举报人所花费的费用。台湾的奖励是分等级的，奖励金额也是按等级分发。我们应从中借鉴，如从所得中抽取一定比例设立举报基金，为举报者购买一定期限的保险。另外，由于每个人的需求不同，有些人的精神需求更高，因此，针对不同的群体激励方式可以有所侧重。

5.4 隐私信任

5.4.1 隐私信任概述

Shneiderman（2000）认为，信任是一个人对另一个人或组织，基于他们过去的表现与真实保证有正面的期望[90]。信息技术虽然让生活的各个层面变得更便捷，却引发了人们对个人隐私的关注，隐私信任受到前所未有的挑战[91]（徐圣飞，2010）。尤其是大数据技术的出现，可能使个人隐私无所遁形，以至于国外隐私保护主义者担忧出现"Big Data is Big Brother"（美国著名小说《1984》中的独裁者老大哥，随时监控着人们）的情况。隐私信任的缺乏，意味着人们将不会轻易分享其个人信息，从而使个人数据成为无本之源，枉谈个人数据资源的开发利用。因此，准确把握当前公众的隐私信任状况具有重要意义。

国外的研究重点主要有：①网络环境隐私信任影响因素。不少学者认为隐私信任的关键影响因素是隐私关注，高度的隐私关注会有较低的信任，同时在分享信息时也感受到较高的风险[85,92]。②电子商务中的隐私信任。不少学者对电子商务的隐私信任进行了建模分析，发现消费者对网站的信任程度越高，则对其自身隐私关注就会越低，这样一来表示网站建立信任可解决使用者的信任问题[93]。③社交网站中的隐私信任。Dwyer 等（2007）则发现使用者对网站的信任感越高，在社群网站上会更愿意信息分享和发展人脉[94]。尽管缺乏信任，多数使用者仍然未采取特殊措施保护个人的隐私信息[95]。

国内相关研究文献不多，关注点主要集中在隐私信任的影响因素上。杨姝等（2009）通过建模，分析了声誉、隐私协议及信用图章对隐私信任和行为意图的影响[96]。王小燕（2012）

通过对 198 个有效调查样本的研究，得出如下结论：隐私协议、隐私印章两者既会直接正向影响顾客对网络银行的信任和使用意向，又会通过信任这一中介变量，对顾客的使用意向产生间接正向影响[97]。王丽闲（2013）构建了基于社会信任的网络隐私关注与保护行为的结构方程模型[98]。

由此可见，现有文献主要从理论层面研究隐私信任的影响因素，一方面对大数据环境下的隐私信任缺乏深入研究，另一方面，对于目前涉及个人数据的各行各业隐私信任程度没有进行深入分析。本节将基于调研产生的一手数据，分析当前个人的隐私信任行业分布。

5.4.2　隐私信任行业分布

通过问卷调查和访谈，发现当前个人隐私顾虑有以下特点：

（1）对使用频率最高的网购和聊天工具隐私顾虑最大。

由于网购具有价格实惠、款式多样、个性化、快捷等特点，对消费者具有很大的吸引力。中国当前的网购人群规模巨大。但是，调查显示，这也是隐私顾虑最大的事项，64.0% 的使用者对其心存疑虑。通过对 15 个个体的深度访谈，具体顾虑的因素主要有：发送垃圾推销及广告信息或邮件、拨打骚扰电话、泄露个人信息给其他企业。受调查者中，100% 的用户经常受到垃圾短信和邮件骚扰，87% 的用户经常受到电话骚扰。信用是电子商务发展的基础及生命线，对商家缺乏信用，意味着中国电子商务发展潜伏着危机。

聊天工具普及率很高，尤其是QQ，它已成为比手机、电话号码还重要的联系方式。尽管大家离不开它，但仍有62.4%的用户对它心存疑虑。访谈中反映的疑虑主要有：发送垃圾广告信息或邮件、聊天记录被监控。很多用户怀疑自己的聊天记录被监控，以至于不敢交流银行卡号、密码等敏感信息。

（2）对买车、买房、旅游住宿等日常消费存在严重的隐私顾虑。

将买车、买房、旅游住宿归为一类，是因为这些都是日常消费事项。这些事项中，个人的数据都会被企业所搜集。经过访谈，对于这一类型的隐私顾虑主要有：垃圾广告、垃圾短信、骚扰电话的直接影响，以及个人数据被卖，或者被黑客获取后，对个人隐私侵犯带来的负面影响。

（3）对金融、电信、教育等公共事业缺乏信任。

中国有专门的法律规制金融、通信等行业个人数据的采集及应用问题。但是，效果不尽如人意。银行、通信公司职员倒卖个人数据的事件频发，以及学校泄露个人数据，使大家对这些行业已经失去信心。医疗的排序相对靠后，受访者表示，医院也存在出卖个人数据的现象，但相对没有其他行业那么严重。这也与当前中国医疗信息化水平低，各个医院之间信息不共享有一定关系。一旦信息化水平提高，个人建立了电子健康档案，随之而来的隐私风险将急剧增加。

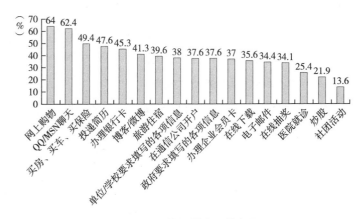

图 5 - 6　可能泄露隐私的事项

（4）对政府也缺乏信任。

37.6％的受调查者对政府缺乏信任。经访谈，主要的隐私顾虑表现在：过多的数据搜集，形成了人身控制，使得个人的人身、思想、言论自由受到威胁。

（5）对小范围的社团活动隐私顾虑较少。

不少受调查者表示，尽管经常参与一些不受任何法律法规隐私制约的社团活动，如同乡会、校友会、社区联谊会等，由于没有经济利益，成员之间彼此信任，反而没有隐私顾虑。

5.4.3　措施建议

5.4.3.1　走法律规范为主、行业自律为辅的发展道路

由上述分析可知，我国的行业发展现状面临着严重的信任缺失问题。在国人有严重疑虑的情况下，不适合走美国式的行业自

律发展道路，需要强有力的法律体系以提高国人的信任程度，重塑信用体系。当行业信用水平达到一定程度且全社会普遍关注行业信用时，行业自律的效果才会更明显。

5.4.3.2 支持隐私保护技术创新

国家和社会各界应积极鼓励隐私保护技术的研发和创新，从技术层面来保障隐私安全。技术手段是法律措施的重要补充。应该通过国家科技计划或者产业发展基金，支持企业或者科研机构进行隐私保护技术创新，并促进其推广应用。目前，在移动智能终端上国外有不少隐私保护的产品，推出后深受用户喜爱。可以先在该领域加大资助力度，再向其他领域推广。

5.4.3.3 加强互联网行业管理

互联网行业的社交、网购面临着严重的信任危机，必须采取有效措施加强管理，不然其发展将很快遭遇瓶颈。

（1）规范隐私条款。

一方面，完善隐私条款相关法律，使隐私条款规范化、标准化。另一方面，加强网络审查执法力度，对于隐私条款不合法的，以及不按照隐私条款严格执行的，予以惩罚。

（2）培育隐私保护第三方组织。

充分发挥社会组织的力量，将其作为政府管制的辅助手段。放宽审批条件，给予隐私保护协会组织合法性和权威性。通过财政补助或者鼓励社会捐款，支持协会组织开展各种隐私保护活动。

5.4.3.4　规范政府个人数据采集

过度的个人数据采集，以及内部人的盗卖和滥用数据，使政府的公信力受到影响[99]。应完善相关法律法规，使政府采集行为不超标，控制和知悉数据的部门或者个人严格保守个人数据。同时，也应保障个人对非法的数据采集行为有诉讼的权利，并能获得相应的救济。

5.5　隐私泄露

5.5.1　隐私泄露现状

2010年12月31日，金山网络曝出号称我国当时"史上最大隐私泄露事件"，即在Google网站上可以搜索到大量中国互联网用户使用互联网的隐私记录，涉及用户上过网站的全网路径、下载过的程序、社区用户名及密码、企业内网信息等①。2011年12月21日，国内知名技术社区CSDN的600余万用户资料被泄露，拉开了我国2011年度互联网泄密事件的帷幕，多玩、178.com、ys168.com、17173.com、人人网、开心网、天涯、凡客、当当网、卓越网等网站数百万到数千万不同程度的用户资料数据遭遇外泄②。2012年12月24日，腾讯移动安全实验室列举了2012年度十大手机隐私泄露事件，手机隐私受到严重威胁③。

---

① http：//soft.yesky.com/security/95/11757595.shtml.
② http：//tech.hexun.com/2011 - 12 -28/136765273.html.
③ http：//news.china.com.cn/live/2012 -12/24/content_ 17845600.htm.

2013 年 10 月，国内安全漏洞监测平台乌云（WooYun. org）发布报告，称如家、汉庭等大批酒店的开房记录被第三方存储，并且因为技术漏洞而泄露了客户名、身份证号、开房日期、房间号等大量敏感、隐私信息①。

显而易见，个人数据隐私泄密已成为我国近年来网络泄密事件的重灾区。它泄密范围广，涉及游戏、购物、社交、邮箱、网上银行、手机、住宿等众多个人互联网应用领域；它泄露数量大，动辄数以百万、千万计；它传播快，泄密信息在极短的时间内就可传遍整个网络；它常集中爆发，让用户、运营商和政府措手不及。个人数据隐私泄密的特点，无疑加剧了隐私泄密的巨大危害性与破坏性，对个人互联网数据隐私的保护已刻不容缓。个人数据隐私的保护是一个技术问题，但更是一个制度设计的问题。

5.5.2 隐私泄露影响

我国传统的消费者隐私保护相关规定不健全，在网络世界中消费者隐私保护更显落后。2012 年央视"3·15"晚会曝光的罗维邓白氏由于贩卖个人信息被查封，3 名主要负责人被传唤接受调查，相关责任人员受到处理；而 2011 年 12 月中国最大的开发者网站 CSDN 被爆用户数据库遭到泄露后，人气网站天涯社区有4000 万账号密码被泄露。对于如此严重的信息泄露事件，网络用

---

① http：//finance. ifeng. com/a/20131010/10825418_ 0. shtml.

户只能自负其责，没有人受到惩处，更没有人得到补偿。这些事件充分反映了我国当前网络世界的个人隐私保护存在巨大漏洞。和美国一样，我国的网络个人隐私保护已经成为亟待解决的重要问题。若不及时处理，将存在以下隐患：

（1）危及国家信息安全。

随着移动互联网的迅速发展，网络已经成为人们工作生活的重要组成部分。随着国人越来越多地使用谷歌、苹果等国外公司产品，大量个人信息由其掌握。2011 年夏天，Microsoft 公开坦承《美国爱国者法案》可以要求 Microsoft 将客户的数据交给官方。《美国爱国者法案》适用于所有在美国的互联网企业，包括亚马逊、英特尔、苹果与谷歌等。在此情况下，中国人的信息，尤其是重要公务人员的信息一旦被国外锁定，可能危及国家利益。

（2）制约网络经济发展。

如果网络不能给用户提供安全感和信任感，将影响我国网络信用体系建设，从而制约网络经济的可持续发展。此外，欧美国家都已积极推进网络隐私保护工作，失去先机将使我国在国际网络经济竞争中处于不利境地。

（3）影响消费者权益保护。

缺乏隐私保护将给用户带来经济损失及精神伤害。工业和信息化部电子科学技术情报研究所承担的一项工业和信息化部信息安全协调司委托的调查显示，60% 的受访者遇到个人信息被盗用的问题，60% 左右的受调查者收到过垃圾短信，60% 的受调查对象对当前个人信息保护的现状表示不满。如果隐私泄露涉及面广，对众多消费者权益造成损害的话，一个导火索就可能在互联网上吸引大量网民参与讨论，形成负面的"网络群体性事件"。根据以往经验，这种事件可以在很短时间内造成很严重的影响。

6 个人数据隐私规制总体设计

大数据正在开启一次重大的时代变革，正在改变人们的生活、工作与思维方式[1]。此变革伊始，个人数据便成为一项重要的资源，为企业的产品设计、营销等活动提供战略指导，为政府的政策、制度提供价值考量，也为科研活动提供证据支撑。正因为个人数据所蕴藏的巨大价值日益凸显，个人数据的搜集、处理、交易活动空前活跃。然而，这些活动将个人数据隐私置于随时泄露的危险境地。近年来个人数据隐私泄露事件频发，在对个人造成不同类型、程度的损害的同时，也动摇着网络乃至整个社会的信用体系。为了充分发挥大数据的创新功能，需要前瞻性地研究个人数据隐私保护问题。

现有文献对网络个人数据隐私保护的研究较多，但缺乏对大数据环境下的前瞻性研究，且集中于法律视角[100,101]，研究个人数据采集、处理、应用的立法问题[102]，缺乏对于治理机制的理论研究。因此，本章首先从个人数据利用过程中的利益相关者角度对隐私治理机制进行分析，然后从搜集、处理、交易和应用四个流程分别分析隐私规制问题，最后进行总体的机制设计。

6.1 利益相关者分析

任何机制设计，首先需要考虑利益相关者的诉求及权力利益关系。因此，在利益相关者的理论分析基础上，在大数据时代个人数据的隐私保护方面引入治理思想，并对其进行机制设计。

6.1.1 利益相关者构成

利益相关者主要指"任何可以影响组织目标的实现或受该目标影响的群体或个人"[103]。根据在个人数据应用过程中扮演的角色，利益相关者被区分为个人、个人数据搜集者、个人数据处理者、个人数据应用者、个人数据监督者。同一利益主体可能扮演多个角色，同一角色也可能有多个利益主体（见表6-1）。

表6-1　个人数据隐私治理过程中的利益相关者

利益相关者角色	主体细分
个人（A）	自然人（A1）
个人数据搜集者（B）	数据搜集企业（B1）
	政府（B2）
	非政府组织（B3）

利益相关者角色	主体细分
个人数据处理者（C）	数据处理企业（C1）
	政府（C2）
	非政府组织（C3）
个人数据应用者（D）	数据应用企业（D1）
	政府（D2）
	非政府组织（D3）
监督者（E）	政府（E1）
	媒体（E2）
	第三方隐私保护组织（E3）
	个人（E4）

注：个人也有可能进行数据搜集、处理和应用，一种情况是应用于工作或者生活，数据规模较小；另一种情况是非法搜集和倒卖个人数据，属于违法行为。这些不具一般性，故不赘述。

（1）个人。指生成个人数据的自然人，是个人数据产生的源头，在法律层面是个人数据的主体与所有者。但在大数据时代背景下，由于个人数据蕴涵的商业价值突然爆发，个人数据生成后其使用权大多掌握在个人数据利用者之手，个人对其隐私缺乏直接有效的控制与保护，时刻面临着隐私泄露的风险。

（2）个人数据搜集者。指为特定目的搜集个人数据的组织或个体，包括数据搜集企业、政府、非政府组织等。数据搜集企业主要依托自身的经营业务，通过被动、主动和自动三种方式搜集个人数据[104]，如电信运营商、银行、医院、酒店等[26][25][24][9]。政府作为重要的个人数据搜集者，除可通过上述三种方式搜集个人数据外，还可通过登记、许可、调查、听取意见、座谈、检查等多种方式搜集个人数据信息[105]；非政府组织搜集个人数据一般不以营利为目的，主要开展有意义的工作或研究，如为研究而向个人发放调查问卷。

（3）个人数据处理者。指通过个人数据的集成、挖掘与分析而形成数据库、信息系统或服务等个人数据产品的企业或组织，产品既有直接整理个人数据而形成的初级个人数据产品，也有经过二次挖掘、开发生成的高级个人数据产品。大数据处理有一定的技术门槛，能够进行高级处理的主要有政府、大型企业、专业数据处理企业和专业研究机构等。

（4）个人数据应用者。指应用个人数据产品以实现特定利用目的的企业或机构。企业购买个人数据产品可极大化商业利益，如通过个人数据产品实现精准营销，既可降低营销宣传费用，还可增加产品销售量；政府或非政府等机构、组织购买个人数据产品则可更好地提供公共产品和服务。

（5）监督者。指对个人数据隐私保护进行监督的个人或组织，主要有政府部门、第三方隐私保护组织、媒体、个人等。政府是个人数据产品交易最有效的监督和管理部门，是治理机制的建立和执行者，在个人数据隐私保护过程中发挥着至关重要的作用，政府参与是个人数据隐私泄露后进行溯源与惩罚的有力保障；其他监督者也具有重要作用，能监督企业个人数据使用的行为。尤其媒体，对相关企业或机构具有相当大的震慑力。

6.1.2 利益相关者利益诉求

由于个人数据的价值不断凸显，尽管利益相关者的利益诉求内容各有不同，强度却与日俱增。主要利益相关者的利益诉求如下：

（1）个人。个人之所以提供个人数据，是为了获取更优质的服务。与此同时，会要求保护其隐私。隐私一旦泄露，应要求立即停止泄露行为并获得相应的赔偿。

（2）个人数据企业。将从个人数据价值链中获利的企业统称为个人数据企业，主要包括个人数据搜集、处理和应用企业。虽然处于价值链不同环节，其利益诉求基本相同。一方面，希望尽可能多地占用个人数据资源，并充分挖掘其价值，获取商业利益。由此产生一个一致需求，即有较好的市场声誉，获得用户的信任。另一方面，希望尽可能少地付出隐私保护成本，出现隐私事故时少受惩罚。

（3）政府。政府也希望尽可能多地占用个人数据资源，一是便于服务公众，提供优质公共服务，二是便于监督公众，稳固统治地位。此外，维护社会信用体系及市场秩序，也是政府的重要诉求。

（4）媒体。媒体被视为与立法、行政、司法三大政治力量比肩并立的"第四种力量"，监督政府及企业滥用个人数据，提高社会影响力是其主要利益诉求。由于报道中经常要用到个人数据，获取并应用个人数据也是其诉求。

（5）第三方隐私保护组织。国际上，第三方组织在隐私保护方面起到了重要作用，尤其是依赖行业自律为主的美国[106]。第三方组织是非营利性组织，主要目的是提高行业隐私保护水平，提升自身社会声誉及影响力。

（6）非政府组织。非政府组织搜集、处理、应用个人数据旨在服务社会并提高社会影响力和声誉。

6.1.3 利益相关者权力利益矩阵分析

个人数据隐私治理过程中的权力和利益多样而复杂，或大或小，或直接与间接，或显性与隐性。明确利益相关者的权力与利益关系，将有利于建立合理、有针对性的治理机制，实现高效的个人数据隐私治理。根据表6-1，同时引用权力利益矩阵对利益相关者进行二维分析，如图6-1所示。横轴表示利益大小，纵轴表示权力大小，权力可理解为利益相关方对个人数据隐私治理施加影响力的大小。

Ⅰ区：核心利益相关者，即个人数据企业，具体包括数据搜集企业、数据处理企业及数据应用企业。该类型主体利益诉求大，希望从中获利；同时，由于掌握数据控制权及先进的数据处理技术，对治理过程的影响力也大。

Ⅱ区：重要利益相关者，即政府部门。政府部门在个人数据应用领域扮演着复杂的角色，既可以是个人数据搜集者，也可是应用者，但更是监管者。政府在治理过程中应施加重大影响力，通过政策、法规等各种手段，规范个人数据的合理应用行为，维护公民的隐私安全，树立政府在保护公民隐私方面的权威。

Ⅲ区：间接利益相关者，包括非政府组织及媒体。该类型对隐私保护的利益诉求相对较小，权力也相对较小。但是媒体的力量正在不断壮大，尤其在公权力侵犯个人隐私时，媒体是最主要的监督者。

Ⅳ区：直接利益相关者，个人数据隐私权力的拥有者个人，是隐私保护的对象。个人与隐私保护过程紧密相关，隐私泄露直接危害其切身利益，因此其利益诉求大且最为直接，但权力却很小，权力与利益诉求关系极不对称。第三方隐私保护组织亦是如此，它们的生存和发展依赖隐私保护活动，但是目前影响力不大。

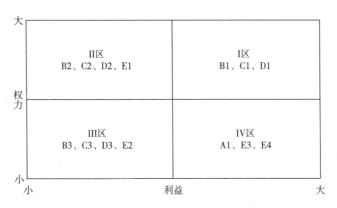

图6-1　个人数据隐私保护中的权力—利益矩阵

6.1.4 治理机制设计

个人数据隐私治理利益相关者分析明确了利益相关方的构成、利益诉求、权力与利益关系，对大数据背景下隐私治理机制设计有重要的指导意义。

6.1.4.1 构建多元主体协同治理机制

大数据需要对大量个人数据进行加工和分析，记录一定量的个人数据是其必不可少的环节。确切地说，个人数据量的增大对大数据的应用效果至关重要。从这个意义上讲，大数据带来的服务优质化与个人隐私泄露的隐患存在着某种必然联系。因此，大数据市场中的各个主体均面临着服务优质化和个人信息记录的两难选择。从政府的角度来看，过多的政府介入可能会阻碍大数据的产业化发展和技术革新；但用户隐私存在的较大风险却已引发了一定的争论。从企业的角度来看，免费提供优质的服务是需要建立在用户提供其个人数据的基础之上的，但使用这些数据尚需要承担泄露用户隐私的风险。从个人来看，一方面受益于服务提供商免费提供的高效、优质服务，另一方面却不得不向其提供一些敏感的个人信息。总之，隐私保护涉及多方利益主体，利益关系错综复杂，仅仅依靠市场机制或者政府难以实现有效治理。应该充分发挥各方的作用，构建多元主体的协同治理机制。

（1）建立利益相关方参与监督的途径。能调动多方参与的最有效的途径之一便是建立举报机制。目前，食品安全[107,108]、反腐败[109]、价格[110]领域举报机制的作用得到了广泛的认同，隐私保护方面也应尽快建立该机制。

（2）鼓励发展行业协会组织。对隐私保护的监督、第三方认证、教育培训等协会组织，应放宽审批条件，使其更易获得合法性。对资助此类协会组织的企业、社团、个人，应该给予税收等政策性优惠，并鼓励社会捐款。

6.1.4.2　针对核心利益相关者建立竞争性治理机制

由于服务提供商对个人数据进行记录、搜集与其对个人提供服务大多为同一过程，这给监管带来了较大难度。一方面，不仅无法确定其对个人数据的搜集是否为其所提供服务的必要行为，而且无法确定其记录、搜集以及保存的具体策略和方式。另一方面，有赖于云计算、互联网的大数据所提供的各项服务中，记录一定的个人数据确为技术需要，但个人数据的加工过程日趋复杂，对其进行监管难度加大。特别就行为数据而言，在个人数据企业掌握控制权的条件下，对个人的隐私进行保护十分困难。因此，应该通过一些措施引导业内相互竞争，以此形成竞争性监督。

可以对个人数据挖掘所能提供的增值服务实施许可机制。授予许可的企业将可以进行个人数据产品销售，没有授予的则不允许进行个人数据销售，这对于企业竞争将产生重大影响。一方面，政府通过控制许可调控市场。政府可以根据市场发展情况，确定许可证的内容、数量、年限等指标，从而引导行业有序发展。另一方面，行业内部能形成竞争性监督。由于许可证是稀缺资源，为了获得市场准入，业内企业都会努力争取。为了得到许可，企业在约束自己行为的同时，也会监督竞争对手的行为。

6.1.4.3 针对直接、间接利益相关者建立激励性治理机制

直接和间接利益相关者对隐私保护影响力小，但是也存在一定的利益诉求。如果能增加监督回报，或者降低监督成本，有利于避免集体行动的困境，使参与者在追求自身利益的同时，能够提升社会整体福利水平。

（1）建立隐私保护举报奖励基金。举报人举报隐私违法行为，除了举证成本，还可能面临打击报复。建立举报人奖励基金，对举报人的特殊困难进行特殊援助，有助于鼓励社会公民参与到举报的行列中，共同打击隐私泄露违法行为。

（2）多渠道筹集奖励资金。接受个人、公司或者社会组织的捐赠，存于专门的奖励资金账户，用于举报人的奖励等。对已有的资金进行增值管理，进行保值投资，让资金可以保值增值。

（3）建立灵活的奖励机制。如建立罚金分红制度，举报人举报案件，并参与取证、作证，可以分享案件罚金。这有利于鼓励企业内部人员或者专业维权人士举报隐私泄露违法行为，提高打击力度。

6.1.4.4 发挥重要利益相关者的主导作用

政府是重要的利益相关者，拥有建立治理机制的强制力。大数据产业发展初期，个人数据交易现象普遍存在但极不规范，企业占据了强势地位，个人数据提供者处于劣势，需要政府站在个

人立场，平衡个人数据企业与个人之间的关系。一方面，进行各项制度建设。通过举报、许可、溯源等机制建设，确保个人数据使用规范、安全。另一方面，支持隐私保护技术及标准体系研发。通过支持个人数据匿名或者化名处理标准体系制订，以及个人数据及其产品溯源技术研发，从技术方面保障个人隐私安全。

6.2　个人数据搜集的隐私规制

大数据环境下，个人数据搜集内容越来越多，从传统的文本数据扩展到音频、视频数据；搜集技术手段也越来越先进，从传统的网络到移动智能终端、物联网传感器，等等。这就使隐私保护越来越难，隐私泄露风险越来越大。

6.2.1　搜集方式

2011 年世界经济论坛编制的报告将个人数据分为三类[48]：自愿提供数据，即用户自愿提供的一系列数据，如微博发表的各种言论及照片、向某些网站注册时提交的信息等；被观测的数据，即用户在使用信息设施或者软件时，被记录和观察到的一系列行为数据，如上网记录、购物记录、搜索记录等；被推断的数据，即根据用户的各种信息推测的个人数据，如个人信用评级、消费需求、购物偏好等。依据此分类方法，相应的个人数据搜集方式可以分为：经允许搜集和不经允许直接搜集。此外，还存在强制搜集个人数据的情况，一般发生在政府公共部门履行其职能时。

（1）经允许搜集。

经允许搜集的特点是存在一种交易，即用户接受数据搜集企业的服务或者优惠，将其个人数据控制权让渡给数据搜集企业。在此搜集过程中，不可避免地存在交易成本。由于此类数据与个人隐私密切相关，也是隐私泄露最重要的环节。基于交易成本经济学视角，搜集行为分为以下类型。

a. 以服务要价的搜集方式。

个人数据搜集企业同时也是服务提供商，若想获取其服务，必须提供个人数据，并接受其隐私声明，允许其使用个人数据，否则不能接受服务。这是当前大多数搜集企业采取的搜集方式。在这一交易过程中，用户往往急于接受服务，忽视隐私风险，也没有认真阅读隐私声明，以致埋下隐私安全隐患。

b. 以优惠或售后服务要价的搜集方式。

前者，作为普通用户不需提供个人数据，若要获得优惠，需要注册会员，而在注册会员过程中，就提供了个人数据[111]。后者，购买产品或服务后，若想获得售后服务，需要提供个人数据，否则不能享受。

c. 以抽奖要价的搜集方式。

这是当前常见的一种个人数据搜集方式，只要提供信息便能参与抽奖。这也是最具欺骗性的搜集方式，经常伴随着诈骗行为。

（2）不经允许直接搜集。

目前有很多依靠计算机辅助来自动搜集和分析用户行为数据

的方法，最重要的有四种[112]：基于服务器日志搜集用户行为数据、从客户端搜集用户行为数据、从移动智能终端（主要是手机）搜集用户行为数据、从感知设备（主要是摄像头）搜集用户行为数据。

a. 基于服务器日志搜集。

目前，对于网站来说，自动获得用户行为数据最流行的方法之一是基于服务器日志的方法（Server Log），就是通过从 web 服务器所产生的日志文件来获取有用的数据。服务器日志文件就是用来记录 web 服务器的活动，提供了详细的客户和服务器的交互活动日志，其中包括客户的请求和服务器的响应。通过日志文件搜集到的数据形式依赖于具体的 web 服务器类型，不同的 web 服务器产生的信息是不一样的。

b. 从客户端搜集。

由于通过日志文件获得的信息会出现失真的情况，而且有很多重要的数据只通过日志文件很难获得，这些信息对研究网站的可用性问题却很重要，因此为了进一步获得更多的有价值的可用性数据，发现更多的网站可用性问题，逐渐产生了很多技术用于从客户端（Page‑side）直接获得用户与网站的交互情况。由于是直接从客户端获得数据，所以，能够获得大量的难以从服务器端获得的用户行为数据，这对进一步分析用户浏览网站行为，为改善潜在的网站可用性问题提供了更大的帮助。

c. 从移动智能终端搜集。

移动智能终端主要是指手机，因为它已成为人们日常生活当中寸步不离的设备。很长一段时间，人们都对手机搜集个人位置信息的事不以为然，斯诺登事件后，人们对此日益重视。以美国国家安全局前承包商雇员爱德华·斯诺登提供的文件为消息源，美国《华盛顿邮报》2013 年 12 月 4 日报道中称，美国国家安全局在全球范围内搜集手机位置信息，每天在海外搜集的手机位置信息将近 50 亿条。尤其对于实施手机卡实名制的中国，位置信息的搜集相当于被全程跟踪和监控。

d. 从感知设备搜集。

随着感知技术的不断发展，如面部识别、语音命令、眼球追踪和手势控制等，搜集的个人数据类型日趋多样化。语音命令和面部识别已得到广泛应用，而眼球追踪和非接触式手势控制技术也有所发展。当前搜集个人数据最普遍的感知设备仍然是摄像头。为了保障公共安全，在公共场所、公共设施上遍布摄像头，将人们的行踪、形象、行为等都录制下来。这些基本都是未经许可，或者不容置疑地搜集个人数据的方式。

（3）强制搜集。

各国法律都允许，在政府履行职能所必需的情况下，可以强制个人提供相关的数据信息。我国尚无专门的法律规定政府机关对个人数据的搜集问题，只是在一些部门法中有一些零散的规定。考察我国现行的法律法规规定，政府对个人信息的获取方式主要有以下几种[113]：

a. 登记。登记是日常生活中较为常见的政府信息获取权的方式。如公民出生之后在公安机关所进行的户口登记；公民、法人成立企业前去工商行政管理机关进行的营业登记；公民、法人在税务机关进行的税收登记；公民结婚去民政部门办理结婚登记；等等。公民、法人在有关政府机关履行登记手续时，政府机关对公民有关申请进行审查，符合条件的准予登记。公民、法人在履行登记手续时，政府机关也获得了公民、法人一些与登记相关的信息。如户口登记可以准确地了解当地的人口增长情况、登记人的家庭成员及相关资料等。

b. 许可。行政法学上所讲的许可行为是行政机关应行政相对方的申请，通过颁发许可证、执照等形式，依法赋予行政相对方从事某种活动的法律资格或实施某种行为的法律权利的行政行为[113]。如公共场所营业许可、食品卫生许可、书刊发行许可、森林采伐许可、进出口货物许可、药品生产许可，等等。行政许可是由行政相对人提出申请的情况下，由行政机关根据一定的标准进行审查，符合条件的颁发许可证的行为。在行使该行为时，政府机关获取了公民、法人的相关信息。

c. 调查。调查是政府机关对某些事实进行的调研查实活动。比如根据《行政处罚法》规定，行政机关发现公民、法人或者其他组织有依法应当给予行政处罚行为的，必须全面、客观、公正地调查、搜集有关证据。在《行政诉讼法》《民事诉讼法》《刑事诉讼法》中也规定了司法机关的调查核实证据的权利。调查是政府机关信息获取权的一种重要方式。

d. 听取意见。听取意见是我国很多法律法规规定的，政府机关在做出某种行政决定之前听取相关人士的意见或建议。《立法法》第34条和第58条规定了全国人大常务委员会以及国务院在立法时要听取有关机关、组织和公民的意见，听取意见可以采取座谈会、论证会、听证会等多种形式。另外《行政处罚法》《价格法》都规定了听证会听取意见的方式。听取意见是政府机关信息获取权的行使方式，并以听取的意见与建议为依据与参考，作出行政决定。

e. 统计。统计是政府机关对关系国家利益与国计民生的重大问题进行统计调查、统计分析，提供统计资料和统计咨询意见的行为。它是我国特定国家机关如国家统计局以及地方各级统计局根据法律法规的相关规定从事的数据调查与统计的行为，如关于人口普查、物价统计、国有资产统计等。统计是我国法律规定的政府获取信息权的行使方式。

f. 检查。检查是政府机关对公民、法人、社会组织等进行检验查实的行为，它是政府机关的一种法定监督行为。如工商行政管理机关对市场所进行的执法检查活动，上级国家机关检查下级国家机关某事项的完成情况等。政府机关通过检查，了解相关主体有关任务的执行与落实情况。

以上这些是政府机关获取个人数据的主要方式，并且不仅仅限于以上这些，这些方式之间也不是界限分明的，它们互相渗透，比如，统计方式中也有检查、调查方式等。就中国目前的情况来看，该搜集方式有些滥用，最典型的代表就是各种实名制的推广，如电信行业、铁路购票的实名制，甚至购买菜刀也需实名制。这些在一定程度上侵犯了个人的隐私权益，却并非公共机构履行职能所必需的。

6.2.2　规制难点

个人数据搜集是大数据发展的源泉，也是隐私风险的源泉，对于该环节的规制是隐私保护正本清源的关键。但是，在规制过程中存在以下难点：

（1）优化服务与隐私保护的两难选择。

大数据市场中的各个主体均面临着服务优质化和个人信息记录保密的两难选择。从政府的角度来看，过多的保护隐私，大数据的产业发展和技术革新将面临数据源泉的瓶颈；忽视隐私保护，将危及个人利益，甚至动摇社会信用体系。从企业的角度来看，免费提供优质的服务是建立在用户提供其个人数据的基础之上的，没有个人数据，难以优化服务和获取利润；有了个人数据，需要承担泄露用户隐私的风险。从个人来看，一方面受益于服务提供商免费提供的高效、优质服务，另一方面却不得不向其提供一些敏感的个人信息。例如，Amazon 的 Silk 浏览器为了优化用户体验，会记录用户浏览的历史数据于"云"上，并对其进行分析，从而找出用户的使用习惯，提前将可能会浏览的页面存储在"云"上。通过这一技术，Silk 浏览器大大加快了页面的加载速度和用户响应时间。诸如此类的为实现某种服务优化，需要对特定的人或物的相关信息进行搜集，意味着不得不去接触个人的敏感信息。社交网络在这方面体现得尤为明显。据此，美国、欧盟等国家（地区）均开始尝试对个人信息记录进行监管，但同时却存在着对政府过多介入而导致阻碍技术革新的担心，并遭到了部分互联网企业的反对。

（2）个人数据搜集企业的机会主义行为。

企业在搜集个人数据时，为了规避责任，或者诱导用户[114]，可能存在以下投机行为：

一是没有隐私条款。按照当前的法律规定，在搜集个人数据时，应有《用户隐私权保护和个人信息利用政策》（简称隐私条款）相关的说明文件，使用户对数据的用途有知情权。目前，国内不少网站在搜集个人数据时，隐私条款设置不完备，甚至没有设置隐私条款[115]。

二是隐私条款中有一些免责条款。例如，某知名门户网站的隐私条款如下，该声明将隐私定义为姓名、身份证号、联系方式、家庭住址，将其他个人数据排除在外，这实际是一种免责条款。同样，××公司将不会向除上述关联公司外的任何其他方公开或共享用户注册资料中的姓名、个人有效身份证件号码、联系方式、家庭住址等个人身份信息，也就意味着可以向其他公司提供其他个人数据。

尊重用户个人隐私是 XX 公司的一项基本政策。"隐私"是指用户在注册 XX 通行证账号时提供给 XX 公司的个人身份信息，包括用户注册资料中的姓名、个人有效身份证件号码、联系方式、家庭住址等。XX 公司一贯积极地采取技术与管理等合理措施保障用户账号的安全、有效；XX 公司将善意使用搜集的信息，采取各项有效且必要的措施以保护您的隐私安全，并使用商业上合理的安全技术措施来保护您的隐私不被未经授权的访问、使用或泄漏。

因业务所需，XX 公司需与 XX 公司的关联公司杭州雷火网络有限公司、XX（杭州）网络有限公司、XX 宝有限公司、北京 XX 有道计算机系统有限公司、XX 有道信息技术（北京）有限公司共享用户注册信息，XX 公司及上述关联公司承诺将善意使用其个人信息，XX 公司将不会向除上述关联公司外的任何其他方公开或共享用户注册资料中的姓名、个人有效身份证件号码、联系方式、家庭住址等个人身份信息，但下列情况除外：

（1）用户或用户监护人授权 XX 公司披露的；

（2）有关法律要求 XX 公司披露的；

（3）司法机关或行政机关基于法定程序要求 XX 公司提供的；

（4）XX 公司为了维护自己合法权益而向用户提起诉讼或者仲裁时；

（5）应用户监护人的合法要求而提供用户个人身份信息时。

（3）用户漠视隐私风险。

用户漠视隐私风险主要表现在以下两方面。

一是轻视了隐私风险，没有在意，最典型的做法是不看隐私条款。2012 年第三方机构互联网协会（The Internet Society）在全球范围内就互联网以及在线用户行为进行了一次调查①。调查报告显示，当用户清楚他们正与某网站或服务分享个人信息时，绝

---

① 互联网年度调查报告出炉：80% 用户漠视隐私保护。http：//tech. 163. com/12/1129/21/8HGP9LQO000915BF. html。

大部分用户（80%）不太会去阅读隐私条款，而相当一部分调查对象（12%）承认他们从来都不阅读隐私条款。

二是侥幸心理，为了尽快获取服务或者优惠，明知有风险，也懒于防范。互联网协会的调查显示，19%的调查对象知道个人信息有时候会被用到他们意料不到的地方上去。但是，他们中的一部分人仍然不去阅读隐私条款。而且，登录在线服务的用户中只有一半会主动登出。

（4）公共利益与个人隐私的冲突。

为了维护公共利益，个人数据经常被直接或者强制搜集。搜集以后，由于各种原因，不一定起到了维护公共利益的作用，却实实在在侵犯了个人隐私。此二者之间的冲突也影响了个人数据搜集的隐私规制。

一是公共场所的录像资料。2013年6月网上曝出了轰动一时的"上海高院法官涉嫌集体招嫖"事件。上海法院4名法官在受邀外出用餐时，在惠南镇衡山度假村内的夜总会包房娱乐，接受异性陪侍服务。被人获取了酒店监控资料并在网上公布，使4名当事人被撤职或被免职。这种个人数据的曝光成了反腐的利器。而与此同时的另一条消息却引发了争议。河南省出台有关条例称，擅自传播公共场所的监控视频将被处罚。在摄像头遍布街头的今天，公共场所的录像资料既事关个人隐私保护，也事关公共利益。目前还没有权威的法律，规制其搜集、处理和使用。

二是实名制的推广。中国实名制应用的领域堪称全球之最，通信、交通、金融、医疗、社保、旅游住宿等领域，没有身份证寸步难行。个人在身份信息公开的情况下变得透明，随之失去了保持独处和宁静的权利，安全感受到损害，其结果就会导致个人活动和人格的萎缩。更有甚者，实名制产生的各种数据已经成为一种商品，被采集并存储到大型数据库中，供他人有偿或无偿的使用。为了某个目的搜集的信息，经常在没有征得当事人同意的情况下，用于实现其他目的，这是对个人人格权以及隐私权极大的侵犯。

数字化使政府的管理变得越来越便利，但随之而来的是大量的个人信息被公用化，个人偏好、通讯记录、疾病记录、性格倾向、信用记录、违法记录、雇佣信息等诸如此类的信息被录入政府数据库中。这些数据库的使用并没有制定科学的限制规则，这就给雇主、政府机构或其他使用者提供了选择的依据，而这种选择可能因为这些信息的原因而带有歧视性。

6.2.3 措施建议

（1）提升用户的隐私保护意识。

公民个人信息泄露的渠道复杂，可能是提供给数据搜集企业后被泄露，也可能是病毒木马或流氓软件暗中搜集电脑上的个人信息。目前，大部分人对骚扰电话习以为常，追问来电者如何得知本人信息，他们都会理直气壮地说有"自己的渠道"，或者"你别管那么多"。要想减少侵犯和骚扰，需要提高隐私保护意识。可以通过公益广告、节事活动、专家讲座等方式，普及和传播个人数据隐私保护基本常识和技巧。

一是个人数据保护知识。告知公民各项个人数据的重要性及泄露后可能带来的问题；提醒公民加强隐私保护的意识，不轻易将涉及隐私信息的资料提供给第三方；普及个人隐私基本法律常识，教授公民阅读和理解各种隐私条款以及辨别各种诈骗陷阱[116]。

二是电脑及手机安全防护知识。同时加强电脑系统的安全保护，及时升级杀毒软件，定期进行全盘杀毒，定期清理可能暴露隐私的数字信息。安装正规渠道来源的软件和正版软件，并尽可能少输入个人信息。面对手机中可能正存在的 APP 应用，用户应尽快提升对手机安全的防护意识。提高警惕，通过正规渠道下载APP。安装程序时，根据程序的功能，严控系统权限的授予[117]。采用专业杀毒软件，并注意升级和定时查杀。仔细查看财务对账单或交易明细，及时发现异常情况。

（2）规范隐私条款。

合理合法的隐私条款能明确双方的权利和义务，协调双方的法律关系。因此，隐私条款的质量，关系到个人数据利用和隐私保护水平，应加强监管。

一是出台隐私条款的标准规范。当前，企业自主制定隐私条款，以致水平参差不齐，存在大量漏洞。对于个人数据搜集量大的行业，应根据行业特点制定规范性的隐私条款，供行业采用。日本的经验可供借鉴。日本经济产业省研讨会要求企业在制定个人隐私条款时采用通俗易懂的语言，其中有六项属于必须标注的内容，包括所采集数据的目的、使用方法、若需提供给第三方时第三方的信息、用户要求企业停止向第三方提供数据时的措施及咨询方式等[118]。此外，日本经济产业省要求企业用直观形象的图表及图标取代难以理解的词汇及片假名，并需将说明缩减在两页以内。2014年3月，这一标准登载在日本经济产业省网站主页上，并推荐企业做参考。

二是建立隐私条款审查机制。欧盟各国普遍重视对隐私条款的审查，一旦发现存在漏洞就勒令整改。如2013年7月，英国政府"信息专员办公室"（ICO）表示，谷歌公司执行的隐私条款涉嫌非法搜集和使用用户信息，要求其在9月20日之前进行整改①。该数据保护机构称，如果谷歌未能在指定期限内完成整改，将会受到法院起诉，或被处以50万英镑的巨额罚款。此前，谷歌的隐私条款已经受到欧盟27个国家的调查，并且法国和西班牙政府也已向该公司下达类似"最后通牒"。这些做法可以学习和借鉴。

（3）规范公共机构的个人数据采集。

个人数据是构成公民隐私权的主要内容。为了防止侵犯公民隐私权，一些国家通过立法规定政府机关在获取个人数据或带有

---

① Google ordered to improve policies or face action by UK data watchdog（英国要求谷歌修改隐私条款），http：//www.putclub.com/html/dailyfocus/kaleido-scope/2013/0705/72861.html.

个人数据的信息时须遵守一定的准则，如美国 1974 年制定的《联邦隐私权法》、新西兰 1993 年制定的《隐私权法》、荷兰 1998 年制定的《个人数据保护法》。美国《联邦隐私权法》规定了政府机关必须通过法定程序与方式搜集涉及个人隐私的档案信息，允许个人要求修改与其有关的档案内容；联邦政府在搜集对某人不利或者有害的资料时，必须向该公民直接搜集；在搜集资料时，应向被搜集者表明该资料所依据的权利、搜集该资料的性质和用途及不提供该资料的法律后果；所有联邦机构只能搜集与该机构职责有关的资料；各联邦机构保存的数据必须做到具有精确性、相关性、完整性和公平性；除法律有特别规定者外，未经与资料有关当事人之同意，政府机关不得将属于个人隐私档案的内容向任何第三人泄露；对任何隐私资料的公开，都应作出完整的记录等。新西兰《隐私权法》则规定了 12 项信息隐私原则：搜集个人信息的目的合法；个人信息来源于本人；从本人处搜集信息的规则；个人信息的存储与安全；获得个人信息；修改个人信息；信息使用前对准确性等的审查；机关持有个人信息不得超过必要的时间；使用个人信息的限制；公开个人信息的限制；独特的识别标志等。当然这些原则不仅仅涉及个人信息的搜集，还涉及个人信息的持有、使用、公开等。荷兰《个人数据保护法》对政府机关搜集个人信息的原则作了如下规定：个人数据处理应当依法进行，方式合理得当；个人数据搜集必须准确属实，合法正当；数据主体对其个人数据处理已经作出明确同意意向；个人数据的处理不能超出该数据的获取目的的范围；个人数据的搜集目的和处理目的实现后，该个人数据不得以数据主体被识别的形式继续储存等。

通过比较分析，政府机关在搜集个人数据或信息时，应遵守以下准则：

a. 政府部门只能搜集与履行职责有关的信息。超越职权或没有职权搜集信息的行为应严格禁止。对于个人数据主体而言，没有法律规定，可以拒绝政府机关对其个人数据的搜集，超越行政机关职权范围之许可，数据主体也可以拒绝提供与政府机关履行职责有关的信息。

b. 搜集或获取信息的政府部门必须事先向法定的主管部门申请授权并报告采集的目的与方式，同时向被获取者说明信息获取的目的和法律依据。如果不是法定的强制性信息采集行为，公民、法人或其他组织有权予以拒绝。

c. 不得建立不为人所知的政府信息秘密存储系统，特别是在涉及个人信息、个人隐私方面，防止对公民、法人或社会组织造成不必要的损害。

d. 当信息采集行为可能导致对信息主体不利时，或者为了确保政府机关所搜集的个人数据可靠，政府机关应尽可能向其本人直接采集而不能任意通过第三人间接搜集。因为第三人所提供的关于他人的信息可能是错误的、过时的、不负责任的。如果政府机关根据第三人提供的信息对其做出不利决定，对受到影响的个人而言是不公平的。

e. 政府机关搜集个人信息的方式必须合法、合理，政府机关不得以非法手段、不公平或不合理侵犯个人的私人事务的方式搜集个人信息。

f. 政府机关必须明确获取相对人的信息量的使用与保存期限，并保证所搜集与拥有的信息的准确性、完整性与适时性。使用与公开相对人的信息不能与获取该信息的目的相违背。政府机关在搜集完个人信息后，持有信息的机关应该采取合理措施确保信息存储的安全，防止信息丢失，避免未经持有机关的授权就获得、使用、修改、公开该信息以及以其他方式错误、非法地使用该信息，并且持有个人信息的政府机关持有该信息不应超过合法使用该信息所要求的时间。

g. 除常规使用或法律特许的情况以外，涉及信息主体的信息，在未经信息主体许可的情况下，不得公开。涉及信息主体的信息如许可公开的话，应对公开的时间、性质、目的和对象有完整的记载，并按法定的期限保存。

h. 信息主体有权了解涉及其本身的信息的存放地点、存储内容和使用情况，对其认为有错误、有遗漏或已过时的信息应准许提出修改意见。数据主体有权获得有关自身信息的权利，有权了解政府机关所掌握的有关自己的信息情况，以确定政府机关持有的有关自己的信息是否准确。如果政府机关持有的个人信息不准确或已经过时，利害关系人有权请求修改政府机关持有的个人信息。

i. 政府机关对涉及信息主体的信息进行转让时，必须事先征得信息主体的授权并明确受让部门或个人的保密义务。

j. 滥用或使用不实的信息主体的信息导致信息主体的权利受损害时，应依法承担法律责任[119]。

6.3 个人数据处理的隐私规制

个人数据的处理过程是在交易、应用前对个人数据进行不加工、粗加工及深加工等不同程度处理的过程，是隐私泄露事件的多发环节，需对此过程深入分析，找到泄露可能发生的环节及规制的难点，并对症下药。

6.3.1 处理过程

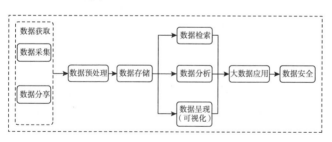

图 6 – 2　数据处理过程

（1）预处理。

虽然采集端本身会有很多数据库，但是如果要对这些海量数据进行有效的分析，还是应该将这些来自前端的数据导入一个集中的大型分布式数据库，或者分布式存储集群，并且可以在导入基础上做一些简单的清洗和预处理工作。此过程的重要措施就是个人数据的匿名或化名处理，这对于隐私保护至关重要。如果此环节处理到位，将极大降低隐私泄露风险。

（2）数据存储。

数据量大以及规模迅猛增长是大数据的重要特点之一，动辄达到 P 级甚至 E 级，每秒的导入量可能会达到百兆，甚至千兆级别。如果发生数据泄露，将会殃及大量人群。因此，数据存储的安全保障至关重要。

（3）数据挖掘。

数据挖掘主要是在现有个人数据上进行基于各种算法的计算，从而实现一些高级别数据分析的需求。具体来说，可以分为数据检索、数据分析和数据呈现三种方式。数据检索主要利用分布式数据库，或者分布式计算集群来对存储于其内的海量数据进行普通的检索和分类汇总等，以满足大多数常见的分析需求。数据分析一般要进行更深度地计算，进行聚类、预测、判别、因子分析等。数据呈现即可视化，将计算结果形象直观地展示给用户。在这些处理过程中，应该进行个人数据的隐私风险评估。尽管之前进行了匿名或化名处理，仍然难免泄露隐私。

6.3.2　规制难点

个人数据处理过程复杂，技术含量高，也使规制存在诸多难点。除了技术问题，更为严重的是制度问题。

6.3.2.1 技术障碍

由于数据处理存在技术门槛，不少是商业机密，很难甚至不可能全面掌握其数据处理的方式方法。尤其是匿名[120]、化名处理方式，对于其隐私风险评估技术尚在探索之中，相关技术标准各国也尚在研究之中，在监管方面存在技术障碍[121]。此外，如果存在数据处理外包，需要对发包方和接包方同时监督，其监管更为复杂。

6.3.2.2 制度缺位

一方面，个人数据并不完全属于知识产权保护的范畴，亦不属于财产权或者人格保护的范畴。在对个人数据进行隐私保护方面，相关法律依据仍然不足。另一方面，目前我国的机构建制并未明确由谁来对信息化数据进行统一监督和管理。当前信息主管部门大多是针对信息化设备、信息化服务方面的安全性进行监管，对于数据处理过程监管尚属空白。

6.3.3 措施建议

数据处理是个人数据实现增值的关键环节，也是降噪去隐私化的关键环节，对其规制至关重要。

（1）个人数据处理审查机制。

欧盟要求所有成员国都建立个人数据处理的审查程序，如瑞典《个人数据法》规定，所有个人记录的保存者和使用者都必须获得瑞典数据检查局的允许才能开始个人数据记录或保存。英国的数据登记处也有权进行正式审查。为了减少审查工作量，瑞典、法国、德国等国家规定，企业任命了独立的个人数据保护官的，可以全部或部分免除审查。借鉴欧盟的经验，根据中国的实际情况，可以建立类似的个人数据处理审查机制，形成个人数据处理审查体系，以最终实现通过独立的个人数据保护官（或个人数据审查师）进行审查的市场化行业自律机制。

（2）制定匿名/化名处理标准规范。

大数据环境下，仅通过移除标识符的方式发布数据无法阻止隐私泄露，攻击者仍然可以通过链接操作以很高的概率来获取用户的隐私数据。匿名或者化名处理是大数据环境下实现隐私保护的重要手段[122]。目前，国内外不少文献对匿名处理技术有了较为深入的研究，但对于化名处理技术研究相对薄弱[123]。应加大力度支持相关技术的研发。在技术成熟的情况下，将其上升为国家乃至国际的标准体系，并将其应用推广。此外，根据不同行业个人数据特点，尽快制定适合行业需要的数据匿名、化名处理的标准体系，给个人数据审查提供判断依据。

6.4 个人数据交易的隐私规制

个人数据是大数据产业发展的重要基础资源之一，需求日趋旺盛。目前，各行各业对个人数据及衍生数据产品与服务存在强烈的需求。政府公共政策的制定和社会管理职能的实施、企业发展战略和营销策略的制定，都需要大量的相关数据支撑[35]。公共部门有一定的途径和条件获取所需的数据，企业的数据获取和使用受到诸多管制，尤其刑法中的"出售、非法提供公民个人信息罪"和"非法获取公民个人信息罪"使合法的个人数据交易不被法律所认可。因此，企业为了获取个人数据资源，采取各种手段和方法，这也使"黑市交易"有了生存的土壤。不管政府如何加大管制力度，非法数据交易仍然屡禁不止。其结果首先是个人深受其害，进而影响整个市场的信用体系，乃至影响整个社会的信用体系。个人数据交易隐私规制是中国面临的现实问题，急需开展相关理论研究。接下来，在深入分析大数据环境下个人数据交易放开的必要性及其面临的隐私挑战的基础上，进行了个人数据交易隐私规制的机制设计。

6.4.1 大数据环境下个人数据交易放开的必要性

6.4.1.1 个人数据价值挖掘需要数据流动

个人数据包含了个人信息的绝大部分，能直接反映个人行为、偏好、位置等信息，进行综合开发应用可满足多样化现实社会、经济需求，其应用价值不断凸显，重要性与日俱增[48]。

公共部门利用个人数据能提高公共服务效率与质量。较之于以往的各种预测方法，大数据能更准确地预测整体经济形势、疾病暴发流传、社会动乱发展等情况，从而服务于政府科学决策[41]。由于国情的特殊性，中国公共部门较之别的国家和地区能获取更多的个人数据，尤其是实名制的广泛推广。但是，部门、单位之间的信息孤岛大大制约了价值挖掘[124]。

企业利用个人数据能确立竞争优势[33]。一方面，利用实时或接近实时的方式搜集的详细个人数据，通过数据挖掘，运用数据分析方法，能准确分析和预测市场需求变化，支持企业战略决策；另一方面，大数据在帮助企业改善现有产品与服务的基础上，更重要的是能够推动企业创造新产品和服务，甚至开发全新的商业运营模式[125]。例如，国外医疗保健领域，企业通过分析病人的临床和行为数据，开发了针对目标群体的预防保健项目；制造企业通过内嵌在产品中的传感器获取数据，创新售后服务并改进下一代产品[56]。大部分企业获取个人数据的规模和方式有限，个人数据需求无法满足。然而，部分企业存在着资源浪费。

无论是公共部门还是企业，个人数据价值的充分挖掘都需要数据流动[126,127]。开放交易市场是促进数据合理流动、实现个人数据资源优化配置的重要手段。

6.4.1.2 个人数据黑市交易急需规范、透明

由于法律地位不明晰，个人数据交易尚处在监管缺失、约束缺位、权责不明的非规范阶段。这种非规范的数据交易带来了一系列问题，急需规范其发展。

（1）隐私风险不可控性。在个人数据流转的过程中，一旦个人数据脱离主体被其他人占有并传播，隐私风险便产生了。由于不能准确把握个人数据的来龙去脉，隐私泄露风险将潜伏于流转

的各个环节，无法把握风险的控制点，很容易瞬间产生大范围扩散。

（2）企业创新能力受制约。一方面，国内规范企业不愿或不敢购买个人数据资源。数据资源的匮乏使其在国际市场竞争中处于劣势，创新能力不断下降。另一方面，个人数据卖方由于考虑到黑市交易的法律惩处风险，将提高个人数据的出售价格，即风险升水。卖方将通过提高售价的方式，将风险捆绑出售，完成风险转移。对于买方而言，购买个人数据产生的违法风险是额外开支，是其通过生产要素市场获得生产资料所支付的额外成本。该额外成本分散了企业在生产方面的投入，降低企业在产品创新方面的相对投入，影响了创新能力的提升。

（3）交易市场低端自锁。黑市交易的现状是：数据搜集者记录、搜集大量个人数据，并将原始的个人数据出售给数据中介；由数据中介统一进行粗加工，并进入地下市场销售；个人数据需求方利用从黑市中购买来的个人数据，为其特定的客户进行粗放式的营销与广告服务。交易产品主要为原始个人数据，停留在对个人手机号、消费商品等原始的一次数据范围内，并不存在后期的精细化加工，以使个人数据成为更有价值的资源（见图6－3）。这种"搭便车"的行为将在多轮的市场交易过程中得以强化，并导致规范的市场交易行为无法获得更高利润，市场难以向更高层次进化，出现低端自锁情况。

较之弊端种种、禁而不止的黑市交易，规范、透明的个人数据交易市场，无论是促进产业技术创新还是加强个人隐私保护，都将是更好的选择。

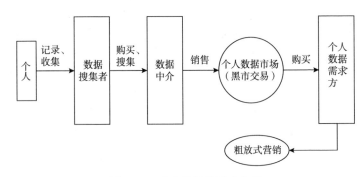

图6-3　个人数据的黑市交易

6.4.1.3　数据资源国际竞争需要加快布局

美国、欧盟、日本与韩国等信息服务业较发达的国家意识到个人数据的价值及风险，一方面加强制度建设，树立本国个人数据竞争优势；另一方面加快市场布局，已出现了一些较规范透明的个人数据交易市场。

（1）国外政府积极引导个人数据国际流动。先发国家加强国内个人数据隐私保护的相关举措，如2012年以来奥巴马政府力推《消费者隐私权法案》[7]，欧盟1995年制定的《欧盟隐私保护指令》[16]等。对于数据国际流动方面关注不多。最为典型的是美欧之间的个人数据流动。美国作为信息产业的领头羊，具有压倒性的优势，依据市场机制调节作用，将是个人数据净流入方。为此，欧盟通过《数据保护指令》① 对"向第三国传输个人数据"进行了专门规定，只有第三国提供"充分保护"时才可传输。美国为了推动欧盟个人数据的流入，积极协调，与欧盟签订了"安全港"协定。大数据环境下，个人数据的流入就是资源的流入。没有规范的交易机制，意味着中国只有资源流出而无流入。长此以往，在此领域将丧失国际竞争力。

（2）国外企业加快市场布局。近年来，不少国际巨头在探索个人数据产品交易，而且新创企业也不断涌现。例如，日本富士通建立了数据交易市场"Data Plaza"。目前在 Data Plaza 买卖的数据包括购物网站上的购物记录、出租车上安装的传感器获得的交通堵塞、信息智能手机的位置信息、社交网站（SNS）的帖子等。美国的新创企业 Personal 公司就鼓励用户上传其数据，并能通过出售数据获利。此外，美国的新创企业 Factual 公司推出数据超市。

在个人数据方面没有前瞻性的举措，不仅大数据在产业方面失去优势，还将影响国家信息安全及国际竞争力，甚至会在数据资源的国际竞争中错失良机。

———————

① 全名为 *Directive 95/46/EC of the European Parliament and of the Council of 24 October 1995 on the protection of individuals with regard to the processing of personal data and on the free movement of such data*，具体参见第 18 条至第 21 条。

国外个人数据交易发展情况

数据是大数据发展的基础。大数据技术的发展使得人们利用这些数据成为可能，而如何获取这些数据就成为首先要解决的问题。由于个人数据资源的稀缺性，市场成为资源配置的重要手段之一。国外早几年就开始进行数据交易的实践了。

从交易的数据内容来看，有地理位置、购物记录、社交媒体等数据类型。许多新兴互联网企业和创业公司抓住这一商机，在此环节中占据主导地位。近来，IT巨头也开始关注这一市场。代表性的公司有：

（1）Gnip：全球最大的面向企业的社交数据提供商，开发了第一个每天能可靠地传送数十亿实时公共社交媒体活动的企业级平台，用以支持客户的业务，每月传送900多亿社交媒体活动。

（2）Space Curve：西雅图的创业公司，正在打造一个基于地理位置数据的数据库，可以用于企业的移动、广告、财务、情报等部门，帮助快速地分析复杂的本地化地理数据。

（3）Inrix：从超过1000万个来源聚集或外包实时交通信息，包括小汽车、出租车、卡车和其他消息渠道等。

（4）Factual：国外知名的开放位置数据库提供商，致力于将更多的基于位置的数据开放给大众，以便人们通过数据的利用完成各种研究、开发、创作,发挥数据带来的无限可能性。此网站创办于 2008 年,提供涵盖本地服务、娱乐、教育和医疗等多个方面的数据集,按浮动价格向公司和独立软件开发商出售数据。

(5) 富士通旗下的 Data Plaza:日本最大的个人数据交易平台,买卖的数据包括购物网站上的购物记录、出租车上安装的传感器获得的交通堵塞、信息智能手机的位置信息、社交网站(SNS)的帖子等。

(6) Personal:美国的新创企业公司,提供了一个交易平台,个人可上传其数据并出售。通过个人数据交易,实现个人数据价值。

(7) Reputation:美国新创企业,类似于 Personal,在其平台上人们可以出售其个人数据,不过回报不一定是现金,可能是换取折扣或者优惠。例如,让航空公司看到其收入情况,可以获得一定数量的会员积分或者是下一次航班升舱的补偿。

6.4.2 大数据环境下个人数据放开交易的隐私挑战

大数据技术推动了个人数据交易的时代潮流,必将使各种创新层出不穷,同时也带来了一系列的隐私挑战,增加了隐私泄露风险。

6.4.2.1 敏感数据范围扩展

个人数据根据是否涉及隐私,可以分为敏感数据和非敏感数据[23]。大数据技术使以往的非敏感数据变成敏感数据，扩展了敏感数据的范围。在非大数据条件下占比较低、可利用度不高的动态数据和非结构化数据占比迅速上升。其主因是社交网络、自媒体与电子商务平台贡献了主要的个人数据增量部分，其大部分是复杂度较高的非结构化数据。例如，社交网络与自媒体产生的个人数据既包括用户姓名、年龄和性别等基本结构化信息，又包括大量的诸如位置数据、视频数据和音频数据等非结构化信息。又如电子商务平台产生了大量的交易和日志等颗粒度较小的个人数据。大数据在使更多的非结构化数据及小颗粒度数据变得可搜集、可分析、可应用的同时，扩大了交易过程中存在隐私泄露风险的个人数据范围。

6.4.2.2 交易网络复杂度提升

黑市交易中个人数据的流转呈线性，数据结构类型多为结构化数据。大数据技术使个人数据交易规模更大、更加频繁，交易网络亦愈加复杂，隐私泄露风险随之增加。

（1）交易环节增加。大数据下的个人数据交易将更加频繁，个人数据交易市场更加成熟。随着数据处理深度的不同，将分化成初级交易市场和二级交易市场（见图6-4）。前者主要用于交易原始或者粗加工的数据，供数据加工商进行深加工；而后者将用于交易深加工的数据，以满足数据需求方的需求，如精准营销。交易环节的增加，一方面使隐私保护的难度增加，另一方面也使隐私泄露后的溯源管理及控制难度增加。

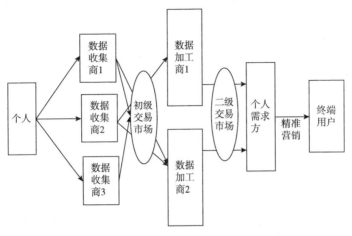

图 6 - 4 大数据环境下个人数据交易

（2）交易主体增加。随着法律对交易市场的放开，以及对个人数据需求的日益旺盛，市场交易主体必将随之增加。这也使隐私保护以及隐私事故调查的难度增加。

（3）交易数据类型增加。由于传统模式下具有可交易性的个人数据仍然局限于较小的范围内，主要是结构化数据。大数据不仅使交易网络和交易环节更加复杂和多元化，而且大大扩展了具备可交易性的个人数据范围[3]。更多的非结构化数据及小颗粒度数据变得可搜集、可分析、可应用，从而扩大了存在隐私泄露风险的个人数据范围。

6.4.2.3 生产迂回度增加

随着个人数据应用的专业化分工不断被强化，个人数据及其产品生产迂回度正在提升，这也增加了隐私风险。

（1）技术门槛增加监管难度。随着个人数据挖掘的不断细化和深入，数据处理技术水平将迅速提升。由于数据处理有较高的技术门槛，要对数据加工行为进行监督和规范以防止隐私泄露，有一定的技术难度。数据处理企业可能利用这一技术门槛，实施投机行为，滥用个人数据。

（2）外包业务潜伏道德风险。生产迂回度的提高也就意味着数据处理外包业务不断增加。由于信息不对称，个人数据处理外包形成一种委托代理关系，接包方不可避免地存在道德风险，也增加了隐私泄露的风险。

6.4.3 隐私规制机制设计

中国个人数据交易的合法化尚需要法律、观念、技术等多方面的突破。从规制经济学的视角，根据国外的经验以及国内的实际情况，对中国个人数据交易隐私规制进行以下设计：建立销售许可机制是从源头上控制个人数据的流出渠道，并促使企业之间形成竞争性监督；建立流转登记机制，将进行交易的个人数据产品主要信息登记在册，一旦出现隐私事故可迅速溯源，追究责任；建立国际流动审查机制，树立个人数据国际竞争优势。三种机制之间形成闭环，以应对全球化背景下个人数据交易过程中隐私泄露风险的挑战。

6.4.3.1 个人数据销售许可机制

授予许可的企业将可以进行个人数据交易，没有授予的则不允许进行个人数据交易，这对于掌握大量个人数据的企业竞争将产生重大影响。一方面，政府通过控制许可调控市场，根据市场发展情况，确定许可证的内容、数量、年限等指标，从而引导行业有序发展。另一方面，行业内部能形成竞争性监督，由于许可证是稀缺资源，为了获得市场准入，业内企业都会努力争取，约束自己行为的同时，也会监督竞争对手的行为。

6.4.3.2　个人数据流转登记机制

个人数据资源从一方流转向另外一方时，交易是最主要的形式。但是，也不能排除别的形式。为了预防其他流转形式伴随的隐私隐患，应建立个人数据流转登记机制。该制度是为了对个人数据的每一次流转进行记录，使隐私泄露事件出现时有迹可循。目前，个人数据保护较为严格的欧盟有专门的个人数据登记制度（Notification），登记内容包括数据处理控制人的姓名和地址、数据处理目的、数据主体种类及其描述、数据接收者等①。借鉴欧盟经验，在个人数据产业链中，流转环节应记录、保存、传递、录入相关信息[37]，提交溯源网络系统备案。对于数据采集企业，从个人数据产品搜集环节开始就要强制记录信息，在销售之前登记备案。没有按照规定程序登记备案的产品，禁止销售。对于数据加工企业，没有登记备案的产品，应禁止买卖，否则买卖双方

---

① 同上。指令还规定，数据处理种类不可能对数据主体有不利影响和任命了个人数据保护官的可以简化或者免除登记义务。

同时受罚。对于最终产品使用方，如果没有产业链前端企业的登记信息，应禁止使用。在个人数据产品信息登记的基础上，规范个人数据产业链主要参与者提供信息的行为，确保个人数据产品信息登记的真实性、全面性及可靠性。一旦产品信息登记发现问题，先及时控制隐私泄露风险，再彻查原因，并追究责任。

6.4.3.3　个人数据国际流动审查机制

由于市场开放程度日益增加，越来越多国人购买国外企业的产品和服务，其个人数据被搜集并传输到国外进行处理和应用。一方面对个人数据的外流毫不设防，另一方面数据流入受到种种限制，个人数据逆差持续扩大。这不仅使国人隐私风险增加，也使国家数据产业竞争力被削弱，国家信息安全风险增加。因此，对于个人数据国际流动应制定严格的审查机制。一是设立专门的审查机构，监控个人数据的国际流动。二是借鉴欧盟经验，通过制定隐私保护标准体系，提高数据接收国的门槛。三是评估各行业个人数据外流的风险，对于金融、社保等关键领域的重要个人数据，应禁止传输出境。

6.5　个人数据应用的隐私规制

大数据环境下，不同个体的个人数据相互联系、组合成多类复杂数据流，个人数据的价值在数据流中得以最大化。大数据在非结构化数据方面的应用不仅产生了很好的经济效益，其在科研、医疗和教育方面的扩展应用也产生了较好的社会效益。但是，这些效益的产生过程需注重隐私保护与效益的平衡。

6.5.1　应用目的

6.5.1.1　商业利益

出于商业利益应用个人数据，之前已有论述，包括市场细分、产品优化、产品创新、市场营销，等等[128-130]。在此不赘述。应用者为了获得商业利益，往往罔顾隐私保护问题，甚至有意滥用个人隐私信息。

6.5.1.2　公共利益

自爱德华·斯诺登（Edward Snowden）揭露美国国家安全局（NSA）是如何从技术公司获取电话记录和数据以来，乔治·奥威尔（George Orwell）《一九八四》（*Nineteen Eighty - Four*）的销量便一直在上升。一方面，为了公共安全，人们需要放弃部分隐私权；另一方面，尽管巴拉克·奥巴马（Barack Obama）向美国人保证"没有人在偷听你的电话"，各国人们仍对"老大哥"心存疑虑。对于公共服务、应急救灾、社会管理等方面应用个人数据，一般能得到人们的认同。人们的担忧主要集中在言论自由、人身控制等方面。尤其是欧盟国家，对于"二战"期间纳粹德国利用 IBM 的先进技术统计人口信息并清洗犹太人记忆犹新。在此文化背景下，人们普遍反对政府搜集并应用过多的个人数据。

6.5.2　规制难点

6.5.2.1　责任难以明晰

零散的个人数据实现其价值，主要利益相关者都有其贡献。

作为搜集、处理、应用一体化的企业，个人数据是有获取成本的。有可能是给个人提供了免费服务，也有可能是提供了优惠活动。一旦获取个人数据，会将其视为自有资产。而且个人数据的增值，数据处理是重要环节，为了使投入得到产出，会最大限度地利用个人数据。

作为单纯的应用企业，通过市场交易购买了个人数据，一方面会将其视为自有资产，随意使用；另一方面可能推卸责任，产生"销赃者心理"。

6.5.2.2 泄露风险提升

大数据环境下，较之于传统的网络环境，个人数据隐私泄露风险极大提升，主要表现在以下三个方面。

其一，个人数据产品交易频繁，提高了隐私泄露概率。个人数据作为新兴的重要价值资源，已引起现代企业的极大重视，个人数据产品交易活动日益活跃，但受行业发展刚起步、尚不规范的限制，个人数据隐私在交易活动中受到很少的重视，对其保护程度低，以致个人数据隐私泄露事件频发[131]。

其二，个人对数据的控制力弱，置隐私于随时可能泄露的状态。当个人为享受某项互联网服务而提供了个人的数据隐私时，其对数据隐私的控制即告丧失。互联网服务提供商可以自由处置搜集到的个人数据信息，或自己加工数据发现商机，或直接出售数据而赢利，而个人数据隐私信息的拥有者则无法再参与这些活动或知晓数据的再利用情况，面临个人数据隐私随时被泄露、公之于网络的风险[132]。

其三，全方位个人数据信息可获取性，让任何网络应用与服务都可能成为隐私泄露源。电子邮箱、网络购物、网络社区、网上银行、智能手机、酒店住宿、医疗等在方便人类的工作、生活、学习等社会活动的同时，也储存了大量关于个人各个方面的数据信息，大数据应用技术将这些数据信息综合起来就可以全方位刻画某一具体的个体，若被非法利用，则这些网络应用与服务都成为个人数据隐私泄露源。

6.5.2.3 危害程度加深

大数据时代，个人数据隐私泄露事件中，个人数据泄露数量之多、扩散速度之快、影响时间跨度之大，传统网络环境无法想象，隐私泄露的危害程度大大加深。

泄露数量之多有两层含意。一是隐私泄露事件中个人数据遭泄露者常以百万、千万计；二是可能泄露的个人数据隐私包括姓名、身份证号、手机号、日记、私密照片、私密录像、位置信息等，几乎涵盖了个人数据隐私的全部。

扩散速度之快指在隐私泄露事件发生到已泄露的信息被禁止在网络传播这段时间内，任何被泄露的个人数据隐私都可能已传遍整个网络，并被成千上万的互联网用户下载、保存，无法彻底清除。

影响时间跨度之大是因为大数据让记忆成为习惯，遗忘变得稀缺，关于个人的日记、照片等数据信息将被网络永久记忆，任何人都可以无障碍地获取、用于任何目的[133]。这不仅使个人无隐私可言，而且还要面临这些随处可得的信息带给个人的潜在威胁。

6.5.3　机制设计

无论出于何种目的应用个人数据，都有侵犯个人隐私的风险。尤其大数据环境下，隐私侵犯危害程度增加，更应进行规制。

6.5.3.1　个人数据隐私泄露举报机制

为了保障公众的监督权力，并激励公众积极参与，可建立个人数据隐私泄露举报机制。针对企业侵害个人隐私的行为，个人有权对企业进行举报，并由监管机构实施审查、处罚。一是通过设立专门受理机构、利用新媒体接受举报、做好传播普及工作等多种举报途径；二是隐私泄露举报应采用市场化的激励机制，避免集体行动的困境，使参与者在追求个人利益的同时，能够提升社会整体福利水平，加强隐私保护力度；三是尝试通过第三方监督机构完善个人数据隐私泄露的监管机制。

6.5.3.2　个人数据隐私泄露溯源机制

个人数据隐私泄露溯源机制是在个人数据隐私泄露事件发生时，迅速地找到泄露源，并进行堵漏、赔偿、惩罚等一系列减少个人数据隐私泄露危害的制度设计，最终减少或杜绝个人数据产品交易市场的隐私泄露事件，保障个人数据产品交易的正常进行。溯源机制设计的主体是政府，特别是在个人数据交易现象普遍存在但极不规范的当下，政府的强制力是建立一套行之有效的个人数据隐私泄露溯源机制的重要保障。

6.6　总体机制设计

目前的个人数据交易中存在着产权与隐私规制问题。而产权的界定、保护与隐私规制是相互联系的。产权的界定是确定隐私规制对象的基础工作，而产权保护则是隐私规制的先决条件。相较而言，隐私规制则是在产权问题上更进一步的深化管理，需要立体化的总体机制设计。

6.6.1　价值取向

面对隐私规制的两难问题，很难有两全其美的机制设计。因此，应该明确机制设计的价值取向。

一是推动要素自由流动。作为重要的生产要素，个人数据只有实现自由流动，才能实现其价值，大数据产业发展才会是有本之源，才能推动产业创新和社会变革。隐私规制机制应以此为重要的目标。

二是控制负外部性。个人数据的流动不可避免产生隐私泄露。如果泄露严重，将动摇网络经济的信用体系，甚至动摇整个社会的信用基础，这就是其负外部性。隐私规制机制应尽可能地控制负外部性。

三是降低交易成本。个人数据往往来自海量的用户，每个用户的隐私关注不同，隐私保护偏好也不同。如果让每个用户都与数据搜集、处理、交易、应用相关企业进行谈判，交易成本很高。机制设计应尽量降低交易成本。

四是促进激励相容。个人数据产生的巨大价值基本为数据应用方所占有，尤其是在商业用途中。然而，个人数据提供者作为要素提供者，也有贡献，在让渡个人数据控制权、承担隐私泄露风险的前提下，并没有获得应有的收益。此外，数据处理是实现个人数据升值的关键环节，也应调动其积极性。因此，隐私规制应促进各利益主体的激励相容，使其形成良性互动。

6.6.2 全流程分析

上文对个人数据利用的利益相关者权力利益关系、具体利用流程、各环节中规制难点及措施建议进行了分析。综合以上分析，从个人数据利用的流程、主体两个维度，可以得到下表：

表6-2 个人数据利用的隐私规制

主要流程	主要措施	主要实施者
个人数据搜集	培养隐私保护意识	个人、协会组织、媒体
	规范公共部门数据搜集方式	媒体、政府、协会组织
	规范隐私条款	政府、协会组织、企业
个人数据处理	个人数据处理审查机制	政府、协会组织
	制定匿名/化名处理标准规范	政府、企业、协会组织
个人数据交易	个人数据销售许可机制	政府
	个人数据流转登记机制	政府
	个人数据国际流动审查机制	政府

主要流程	主要措施	主要实施者
个人数据应用	个人数据隐私泄露举报机制	政府
	个人数据隐私泄露溯源机制	政府

6.6.3　重点机制分析

根据表6-2，政府进行个人数据的隐私规制主要包括个人数据处理审查机制、制定匿名/化名处理标准规范、个人数据销售许可机制、个人数据流转登记机制、个人数据国际流动审查机制、个人数据隐私泄露举报机制和个人数据隐私泄露溯源机制。由于审查机制和数据处理规范可以视为销售许可机制的组成部分，流转登记和国际流动审查机制可以视为溯源机制的组成部分，因此中国个人数据交易隐私规制机制主要包括个人数据销售许可机制、个人数据隐私泄露举报机制、个人数据隐私泄露溯源机制。

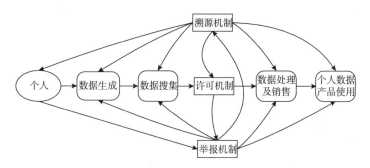

图6-5　大数据环境下个人数据交易市场

许可机制是从源头上控制个人数据的流出渠道，并促使企业之间形成竞争性监督；举报机制是提供多方参与监督和个人自我保护的途径，使非法交易难以为继；溯源机制则确保能找出非法泄露源，并通过取消许可或者法律惩处的方式来净化数据源。三种机制之间能形成一个闭环，使得环环相扣，从而全面规制个人数据生成、搜集处理、销售及使用各环节。

7 个人数据销售许可机制

为了规范个人数据交易市场，防止隐私泄露，同时，又为了促进数据资源的有效流动，实行个人数据销售许可机制是较好的选择。本章对个人数据销售许可机制及其作用进行理论分析，并提出机制设计相关建议。

7.1 许可机制概述

7.1.1 基本概念

许可即准许、允诺，可以来自政府，也可以来自企业或者其他组织及个人。本书所研究的许可主要来自于政府，即行政许可[134]。《行政许可法》第 2 条明文规定："本法所称行政许可，是指行政机关依据公民、法人或者其他组织的申请，经依法审查，准予其从事特定活动的行为。"由此可见，行政许可是指在法律一般禁止的情况下，行政主体根据行政相对人的申请，通过颁发许可证或执照等形式，依法赋予特定的行政相对人从事某种活动或实施某种行为的权利或资格的行政行为。根据基本的法律定义，许可机制则是关于许可授予形式、条件、对象、内容等具体的机制设计。

7.1.2 主要类型

国务院原本草拟的《行政许可法》，将行政许可分为普通许可、特许、认可、核准和登记。但由于多种原因，后来全国人大常委会通过的《行政许可法》没有此规定，而将行政许可种类改为列项表述[135]，在此不赘述。

7.1.3 应用领域

《行政许可法》明确了行政许可应用及排除的范围。应用范围有[136]：

（1）直接涉及国家安全、公共安全、经济宏观调控、生态环境保护以及直接关系人身健康、生命财产安全等的特定活动，需要按照法定条件予以批准的事项。

（2）有限自然资源的开发利用、公共资源配置以及直接关系公共利益的特定行业的市场准入等，需要赋予特定权利的事项。

（3）提供公众服务并且直接关系公共利益的职业、行业，需要确定具备特殊信誉、特殊条件或者特殊技能等资格、资质的事项。

（4）直接关系公共安全、人身健康、生命财产安全的重要设备、设施、产品、物品，需要按照技术标准、技能等资格、资质的事项。

（5）企业或者其他组织的设立等，需要确定主体资格的事项。

（6）法律、行政法规规定可以设定行政许可的其他事项。

行政许可的排除范围有：

（1）公民、法人或者其他组织能够自主决定的。

（2）市场竞争机制能够有效调节的。

（3）行业组织或者中介机构能够自律管理的。

（4）行政机关采用事后监督等其他行政管理方式能够解决的。

7.2 作用机理

由行政许可的应用及排除范围可知，个人数据交易适合应用行政许可，实施销售许可，对于个人数据资源开发有以下作用：

7.2.1 分离个人数据的隐私与资产双重属性

个人数据的信息主体是个人。例如，当个人通过社交网站做出某些动作，暴露了其姓名、联系方式和位置数据时，数据所示的信息是有关个人的，其主体是该行为人。事实上，即使当个人数据被加工为推断数据，甚至成为总量或特征数据时，其信息主体仍然是信息相关的个人。因此，个人数据的隐私属性与生俱来。

大数据环境下，个人数据的资产属性正在不断被强化，即作为重要生产资料的个人数据可产生巨大的经济价值，完成资产增值。当用户主观上选择隐瞒其姓名、性别、年龄、血型甚至位置信息时，这类数据便是作为隐私的数据，而不论其是否投入某个生产过程中。当用户的姓名、性别、年龄等个人数据被作为重要信息资源参与市场交易时，便体现了个人数据的资产属性。

在此过程中，个人数据的隐私与资产双重属性盘根错节。必须通过许可机制，将这两种属性进行剥离，保护隐私属性强的数据，充分开发利用弱隐私性个人数据的资产价值，在充分保护个人隐私、维护社会信用体系的同时，提高个人数据对产业创新与经济发展的促进作用。

7.2.2 约束个人数据控制权与主体分离状态下的企业行为

个人数据的资产属性日益凸显，但作为资产数据的产权与数据所承载的信息主体相分离构成了对个人数据进行隐私规制的难点。

一是产权难以界定。首先是在个人产生原始数据的过程中，个人数据的产权并不明晰。是否需要进行产权界定，取决于其带来的好处是否大于由确定产权导致的交易成本。在非行为数据中，法律如果将个人数据的产权判定给个人所有，那么在每次获取个人数据时，服务提供商均需要与每位用户进行议价，从而产生较大的交易成本。反之，如将个人数据的产权判定给服务提供商所有，则用户将为保护其个人信息而避免其数据资产化，即隐秘而不对外扩散，同样导致较大的交易成本。因此，对个人数据不进行确权应当是现有条件下自发演进的状态。

二是实际控制权属于数据搜集者。虽无明文规定，个人数据控制权事实上已属于服务提供商（数据采集者）所有。首先是个人在使用服务提供商提供的各项服务中产生的大量数据均已被电子化，并被保存下来。其中大部分被服务提供商无偿占有，并被二次加工。其次是二次加工数据后续的各阶段交易过程中，产权确定是较明确的。由于二次数据主要由企业进行深加工后获得，并打包成数据集合或数据服务提供给下游企业，因此数据二次加工后的产权明确属于二次数据供给者。最后是三次数据的交易过程中，产权亦是明确的。由于三次数据大多以定向服务的形式提供，产权是明确属于数据服务提供商的。

可见，资产化数据的产权主体与控制主体相分离导致了对个人数据进行隐私规制的困境。通过许可机制，可以约束个人数据的真正控制方，最大程度保护数据隐私。

7.2.3 形成业内竞争性监督

被授予许可的企业将可以通过销售个人数据获利，未被授权的企业则不允许，这对于掌握大量个人数据的企业意味着一个新的赢利点，对其竞争力将产生重大影响。一方面，政府通过控制许可调控市场。政府可以根据市场发展情况，确定许可证的内容、数量、年限等指标，从而引导行业有序发展。另一方面，行业内部能形成竞争性监督。许可证是稀缺资源，为了获得市场准入，业内企业都会努力争取。为了得到许可，企业在约束自己行为的同时，也会监督竞争对手的行为。

7.3　机制设计

7.3.1　许可销售的数据类型

由于个人数据类型复杂多样，对销售许可不能一刀切，应该进行细分，并制定相应的规则。

（1）按数据来源划分。

根据数据来源以及数据加工深度，可将个人数据划分为三个层次，如表7-1所示。

表7-1　数据层次划分

原始数据	二次数据	三次数据
自愿提供的数据	被推断的数据，包括特征数据及总量数据	深加工的数据
被观测的数据		

原始数据是社会经济生活中基本的行为人所产生的各类数据，是一种由数据源头产生的原始数据。二次数据是通过各种技术手段对个人数据进行综合分析得到的中间数据[①]，如个人的消费偏好、生活习惯，以及群体的经济总量、经济结构、人口特征、人口结构等各类数据。三次数据则是建立在二次数据基础

---

① 这些数据可能是统计的，也有可能是分析数据。

上，通过特定的应用场景下的定制化处理，得出的最终数据，是一种具有直接应用价值的数据。

原始数据的销售应该是被严格禁止的，必须经过加工处理，成为二次数据后方可以进行销售。二次数据销售应该受到规制，必须要获得销售许可才能交易。经过深加工变成三次数据后，可以进行自由销售。

（2）按数据内容划分。

不同的数据内容，其隐私含量不一样。而且不同的个人，其隐私关注度也不一样。可以根据实际情况，制定相关的行业标准。

一般情况下，个人数据可按照数据内容划分为非行为数据和行为数据。其中非行为数据是指不依赖于用户的某个具体行为而固有的数据，包括用户的姓名、血型、籍贯和住址等；行为数据是指依赖于用户的某些行为，并在行为的过程中或是作为行为的结果而产生的数据，包括用户的搜索信息、浏览痕迹、位置信息等。非行为数据应该受到严格规制，甚至禁止交易；行为数据可以放松规制，根据具体内容设定规制措施。

7.3.2 许可的类型

许可包括多种类型。个人数据销售许可适宜作为可转让许可。可转让许可是指经许可方允许，在合同规定的地域内，将其被许可所获得的技术使用权全部或部分地转售给第三方。通常只有独占许可或排他许可的被许可方才能获得这种可转让许可的授权。

可转让许可有利于发挥市场机制的作用，实现资源的有效流动和合理配置。但是，也不能是完全自由的转让。转让也需经过审查。被转让单位必须符合基本许可条件。

7.3.3 许可授予方式

个人数据销售许可授予是个人数据管理机构对企业市场准入资质进行确认，并允许其进入个人数据领域从事开发销售活动的制度。授予方式可以通过行业调研，确定各行业的分配指标，再以拍卖方式颁发销售许可。一方面，政府并不完全掌握企业的隐私保护相关信息，所有的购买者都会为了获得许可而在拍卖中对外传递自己的私有信息。另一方面，在许可证拍卖过程中，潜在购买者往往来自同业竞争市场。因此，在拍卖结束后会进行后续竞争，彼此之间能形成监督和制衡。具体而言，授予方式的确定应包括以下主要内容。

第一，确定许可证总数。由上文模型分析可知，均衡的个人数据市场需求量与企业隐私保护水平、政府监管水平相关。应根据这些因素，并考虑到市场的发展趋势，确定许可证总数。

第二，确定行业分配指标。当前大的电子商务、社交、门户网站等掌握较多的个人信息。在深入调研个人数据资源分布情况，以及主要掌握个人数据资源的行业和企业的性质、特点、隐私保护水平的基础上，确定各行业的配额。在审查竞拍者资格的前提下，进行许可证拍卖。

第三，确定拍卖收入用途。一方面，用于激励企业加强隐私保护，使其承担的社会成本得到适当补偿。另一方面，用于激励社会各界监督企业，支持相关的行业组织或者个人进行监控和举报。

7.3.4　许可的撤销

许可也需要有退出机制才能起到监督的效果，而撤销是重要的手段。由于个人数据销售许可关系到企业的根本利益，撤销机制对企业行为有很大的制约作用。一方面，通过优胜劣汰，个人数据监管机构能够有效规制个人数据企业机会主义行为；另一方面，通过建立法律保障，能保证企业合法权益不受监管机构或其他个人及其他组织的侵害，既形成有序竞争，又防范权力寻租。以下情况应该撤销许可：一是非法获得的许可。即个人数据授予机关及其工作人员的职务过错，如滥用职权、违反或超越职权、违反法定程序为不具备资质条件的企业颁发的许可。二是不履行或严重违反许可规定义务。包括以欺诈手段获得许可、没有按照许可要求开展市场活动、经催告仍不缴纳许可费用等情况。三是请求撤销许可。获得许可后，被许可人请求撤销许可。四是许可期满，不符合许可延长的条件。

8 个人数据隐私泄露举报机制研究

随着大数据技术的不断进步，个人数据的应用越来越普遍，挖掘越来越深入，这使隐私泄露具有范围广、数量大、传播快、集中爆发等特点。单纯的政府监管已经难以为继，需要构建多方利益主体共同参与的社会监管体系，而举报机制是有效手段之一。现有文献对于食品安全[107,108]、反腐败[109]、价格[110]举报机制关注较多，有的文献指出了举报奖励以及协会组织在举报过程中的重要作用[21]。但是对于个人数据应用的隐私泄露举报机制关注较少，而且也缺乏数学模型证明并比较举报奖励及隐私保护协会组织（下文简称协会组织）的作用。因此，本章通过构建博弈模型，分别比较个人和协会组织在有、无举报奖励的情形下实施举报的收益，以及企业的隐私投机水平，为个人数据隐私泄露举报机制设计提供理论指导。

8.1 举报制度概述

8.1.1 基本概念

举报制度是指受理举报的机关和组织对公民或者单位举报的线索，依照法律或者其他有关规定进行调查处理，保障公民依法行使民主权利的一种制度。举报制度一般由宣传、受理、分流、审报、转办、初查、催办、保护、奖励、答复与具体制度组成。

8.1.2 隐私泄露

个人数据部分属于隐私。由于现实生活中个人对其个人数据没有完全控制权，掌握控制权的主体就有可能将其隐私泄露。掌握个人数据的主体主要有个人、政府、非营利性组织、企业等。由于个人数据具有巨大的商业价值，营利性的企业具有较大的隐私泄露驱动力。

由于监管技术及监管成本方面的因素，对于隐私保护的监管总会存在一些漏洞。一旦投机收益大于投机成本，企业便会出现投机行为。一方面，企业可能滥用个人数据以谋利，将隐私信息非法出售。另一方面，企业可能降低隐私保护投入，降低信息安全防护等级，以致黑客入侵，盗走个人数据；或者企业放松内部管制，以致有员工偷卖数据。

8.1.3 举报特点

个人数据泄露往往涉及大量用户，受害者众多，而一旦某人举报成功，获益者很多，但无论举报是否成功，成本由举报人自己承担。因此举报行为可视为个人为用户群体提供公共产品的行为[137]。没有恰当的激励机制，将会陷入集体行动的困境。激励恰当，可能的举报者除了受害者、专业协会组织外，还可能有个人数据企业内部人员、专业维权人士、媒体等。

8.2 作用机理

隐私泄露举报奖励制度设计，由举报人举报信息启动违法行为案件的处理，使得社会监督有效发挥震慑作用，健全隐私保护公共监督体系，提高隐私泄露的违法犯罪成本，降低行政监管部门的监管成本，保护个人数据隐私。

8.2.1 降低社会成本

由于网络传播速度快、范围广、信息量大，个人数据隐私泄露往往瞬间能使成百上千万的信息主体的隐私受到侵犯。因此，隐私侵犯往往不仅侵犯了信息主体的个人利益，而且带来巨大的社会成本，甚至动摇社会信用体系[105]。监管部门通过举报机制构建社会监管体系，对监督个人数据的隐私保护、防范隐私泄露风险有积极作用，能有效降低隐私泄露的社会成本。

8.2.2 增加投机成本

由于监管技术及监管成本方面的因素，对于隐私保护的监管总会存在一些漏洞。一旦投机收益大于投机成本，企业便会出现投机行为。一方面，企业可能滥用个人数据以谋利，将隐私信息非法出售。另一方面，企业可能降低隐私保护投入，降低信息安全防护等级；或者放松内部管制，以致有员工偷卖数据。合理的举报机制能够有效鼓励公众及社会组织参与监督个人数据企业的隐私保护行为，形成全社会监督氛围，从而增加企业的投机成本，抑制隐私泄露行为的发生。

8.2.3 提高监管效率

随着技术的不断进步，个人数据的交易及应用将越来越频繁，其隐私保护难度也越来越大。侵犯隐私的行为很难直接被监管者发现，或者监管者获得这些信息成本高昂。也就是说，监管部门在监管过程中存在信息不对称、有效信息不足、信息获取成本高等问题。公众、个人数据企业内部人员、专业第三方组织、媒体等提供的信息将弥补监管部门的不足，大大提高监管效率。

8.3 建模分析

隐私泄露举报机制是受害者维护自身权益、公众以及竞争对手参与监督的重要保障。按照无、有举报奖励两种情况，构建个人和协会组织举报隐私泄露模型，分析举报者收益及企业的隐私投机水平，为举报机制设计提供参考。

8.3.1 研究假设

在建立模型之前做出如下假设。

（1）用户在享受企业提供的服务时，其个人数据信息必然会在企业的系统或网络中暂存、传播及复制，因此，企业能够获得用户全部或大部分数据信息。这就为企业通过出售、传播或泄露公众的个人数据而获利提供了"机会"。假设公众的人数为 N。

（2）企业在做出隐私保护承诺后，才能够获得用户的个人数据。取得控制权以后，企业可能会有投机行为，以致隐私泄露。假设企业的隐私投机水平为 l。

（3）一旦发现隐私泄露，用户群体中的行为人决定是否对企业的投机行为进行举报。举报人每进行一次举报所付出的成本为 c，这些成本包括发现、举证、诉讼成本，等等。举报成功后，根据侵犯程度企业将补偿所有受害者 $q(l)$，单个受害者获得的补偿为 $q(l)/N$。

（4）政府是企业行为的监督机构，也是公众举报的受理机构。如果政府收到个人数据隐私被泄露的举报，政府会对企业的行为实施审查。但由于信息不对称、技术水平等因素的限制，政府不一定能够掌握充足的证据，证明企业的违法行为。如果政府所掌握的证据不足以确认企业投机行为，则企业不能够被查处。假设政府在每一轮监督检查过程中，不能够查证企业隐私投机行为的概率为 p。

（5）如果政府未能证明企业隐私投机行为，举报者决定继续进行举报，仍假定举报人进行举报所付出的成本固定为 c。

（6）举报可以是个人举报，也可以是特定群体组成的协会组织进行举报。这种协会组织可以视作该群体的代理机构。举报人是理性经济人，在利益最大化的前提下，举报人一旦选择举报，便会一直举报下去，直到成功为止。因为举报人一旦举报，则会产生成本，举报不成功则没有任何收益。因此，举报人在某一轮的举报失败了，再次举报是其最优选择。

8.3.2 无奖励举报

（1）个人举报。

根据以上研究假设，如果某人进行举报，第 1 次举报成功的概率为 $1-p$；如果第 1 次举报没有成功，则会进行第 2 次举报，成功的概率为 $p(1-p)$；而第 3 次举报成功的概率为 $p^2(1-p)$。以此类推，其收益为：

$$(1-p)\frac{q}{N} - c + p(1-p)\frac{q}{N} - pc + p^2(1-p)\frac{q}{N} - p^2c + \cdots$$

$$= (1+p+p^2+\cdots)\left[(1-p)\frac{q}{N} - c\right]$$

$$= \frac{q}{N} - \frac{c}{1-p} \qquad (8-1)$$

而公众不进行举报的收益为 0。由此可知，个人进行举报的必要条件是：

$$\frac{q}{N} - \frac{c}{1-p} > 0 \qquad (8-2)$$

符合该条件则公众选择进行举报，否则公众不进行举报。根据该条件，进一步可以得出企业最优的隐私投机水平：

$$l_1^* = q^{-1}\left(\frac{cN}{1-p}\right) \qquad (8-3)$$

由 $\frac{\partial l_1^*}{\partial N} > 0$ 可知，如果企业能够拥有更多的注册量、访问

量，获得更多用户的信息，则企业有更大动力进行非法交易及使用个人数据，以获得高额非法利益；由 $\dfrac{\partial \, l_1^*}{\partial \, c} > 0$ 可知，举报人的成本越高，企业对个人数据隐私投机将越严重。

（2）协会组织举报。

假定公众群体能够相互协调达成一致，通过成立协会组织，选取代理人代理公众实施举报行为，并且代理人的成本由所有受益人，即整个公众群体来承担，则代理人实施举报时个人能得到的收益为：

$$（1 - p）\dfrac{q}{N} - \dfrac{c}{N} + p（1 - p）\dfrac{q}{N} - p \dfrac{c}{N} + p^2（1 - p）\dfrac{q}{N} - p^2 \dfrac{c}{N} + \cdots$$

$$= （1 + p + p^2 + \cdots）\left[（1 - p）\dfrac{q}{N} - \dfrac{c}{N} \right]$$

$$= \dfrac{q}{N} - \dfrac{c}{N（1 - p）} \qquad\qquad (8-4)$$

此时，协会组织举报的必要条件是：

$$q - \dfrac{c}{1 - p} > 0 \qquad\qquad (8-5)$$

对于企业而言，最优的个人数据隐私投机水平为：

$$l_2^* = q^{-1}\left(\dfrac{c}{1 - p}\right) \qquad\qquad (8-6)$$

由于 $l_1^* > l_2^*$，可见企业对公众的个人数据隐私投机水平大大降低。由此可见，协会组织能使公众福利得到显著改善。在个人举报情形下，举报的成本由个人负担，而举报成功后的收益由所有的公众共同所有，举报行为具有外部性，协会组织举报产生的社会收益要大于个人举报收益。

8.3.3 有奖励举报

此时，政府对举报行为予以奖励，以解决这种举报的外部性现象。假定奖励额度为 B，奖励在举报被政府证实后给予举报者。

（1）个人举报。

举报人实施举报的收益为：

$$(1-p)\left(\frac{q}{N}+B\right)-c+p(1-p)\left(\frac{q}{N}+B\right)-pc+p^2(1-p)$$

$$\left(\frac{q}{N}+B\right)-p^2c+\cdots=(1+p+p^2+\cdots)\left[(1-p)\left(\frac{q}{N}+B\right)-c\right]$$

$$=\frac{q}{N}+B-\frac{c}{1-p} \tag{8-7}$$

同理可得，个人举报的必要条件是：

$$\frac{q}{N}+B-\frac{c}{1-p}>0 \tag{8-8}$$

企业最优的个人数据隐私投机水平为：

$$l_3^*=q^{-1}\left(\frac{cN}{1-p}-NB\right) \tag{8-9}$$

157

由于 $l_1^* > l_3^*$，企业对公众的个人数据隐私投机水平大大降低。可见举报奖励是一种有效的激励机制。如果 $B > \dfrac{cN - c}{N - Np}$，则 $l_2^* > l_3^*$，个人举报效果能超过无奖励的协会组织举报的效果。

（2）协会组织举报。

对于协会组织的举报实施奖励，个人能得到的收益为：

$$(1 - p)\frac{q + B}{N} - \frac{c}{N} + p(1 - p)\frac{q + B}{N} - p\frac{c}{N} + p^2(1 - p)$$

$$\frac{q + B}{N} - p^2\frac{c}{N} + \cdots \cdots = (1 + p + p^2 + \cdots)\left[(1 - p)\frac{q + B}{N} - \frac{c}{N}\right]$$

$$= \frac{q + B}{N} - \frac{c}{N(1 - p)} \tag{8 - 10}$$

此时，协会组织举报的必要条件是：

$$q - \frac{c}{1 - p} + B > 0 \tag{8 - 11}$$

对于企业而言，最优的个人数据隐私投机水平为：

$$l_4^* = q^{-1}\left(\frac{c}{1 - p} - B\right) \tag{8 - 12}$$

由于 $l_2^* > l_4^*$，企业对公众的个人数据隐私投机水平大大降低。同理可知，举报奖励是一种有效的激励机制。如果 $B > \dfrac{c}{1 - p}$，则 $l_3^* > l_4^*$，有奖励的协会组织举报效果能超过个人举报；反之，则效果不如个人举报。因此，充分调动个人和协会组织积极性的

最优的奖励强度为 $B = \dfrac{c}{1-p}$ ，奖励强度与举报成本成正比，与政府查证能力成反比。

8.3.4 主要结论

本书考察了四种情况下的个人数据隐私泄露举报行为，对比可以发现：

（1）在没有举报奖励的情况下，协会组织比个人举报的监督效率更高。如果没有举报奖励，协会组织举报的动力大于个人，从而对企业隐私保护的威慑力也更大。

（2）举报奖励是一种有效的机制。在政府采取奖励举报机制时，个人及协会组织举报动力都会有所增加，企业最优的个人数据隐私投机水平将明显降低，公众的福利也能够得到普遍提高。

（3）科学制定奖励强度。当举报者举报成本较高时，应该给予较高的举报奖励；当查证能力较弱时，应该给予较高的举报奖励。

8.4 对策建议

随着技术不断进步，个人数据的搜集、处理、交易及应用将越来越频繁，其隐私保护难度也越来越大。侵犯隐私的行为很难直接被监管者发现，或者监管者获得这些信息成本高昂。也就是说，监管部门在监管过程中存在信息不对称、有效信息不足、信息获取成本高等问题，需要构建多方参与的举报机制。

8.4.1 给予举报奖励

隐私泄露举报应采用市场化的激励机制，避免集体行动的困境，使参与者在追求自身利益的同时，提升社会整体福利水平。

（1）建立隐私泄露举报奖励基金。举报人举报隐私泄露违法行为，除了举证成本，可能面临打击报复。建立举报人奖励基金，有助于鼓励公众参与到举报的行列，共同打击隐私泄露违法行为。

（2）扩大资金来源渠道。通过财政拨款，接受个人、公司或者社会组织捐赠等形式，扩大基金资金来源渠道。同时，对已有的资金进行增值管理，进行保值投资，让资金可以保值增值。

（3）建立灵活的奖励机制。通过灵活的奖励机制鼓励社会各界参与举报，提高打击力度。如建立罚金分红制度，举报人举报案件，并参与取证、作证，可以分享案件罚金。这有利于鼓励企业内部人员或者专业维权人士举报隐私泄露违法行为。

8.4.2 支持协会组织

理论上，通过推举代理人代理实施举报的方式，能够提高公众整体福利，解决市场及政府失灵问题。实践中，这种情形需要整个公众群体达成一致，难度很大。如果政府对泄露个人数据的企业进行处罚，作为个人将会乐于接受利益，却可能拒绝与其他公众达成一致的协议，分摊代理人的举报成本。这种"搭便车"的行为能够使其个人的福利进一步增加。这就是国际上的第三方监督机构呼声很大，发展却很艰难的重要原因[106]。如美国有多种形式的网络隐私认证组织，著名的有 TRUSTE 和 BBB On-line[138]。这种协会组织在市场法则下难以维系，要么面临着运转经费难以为继的问题，要么接受企业资助后失去了市场的公信力。政府应引导和扶持其发展。

（1）鼓励民间建立隐私保护协会组织。对于隐私保护的监督、第三方认证、教育培训等协会组织，应放宽审批条件，使其更易获得合法性。对于资助此类协会组织的企业、社团、个人，应该给予税收优惠，鼓励社会捐款。

（2）畅通政府与协会组织的沟通渠道。在研究、制定涉及行业发展的重大政策措施的过程中，征询隐私保护协会组织的意见和建议，使协会组织的建议与诉求能充分表达，并作为政策制定的参考。

（3）完善集体诉讼制度。广泛应用于劳动合同纠纷等领域的集体诉讼制度，对协会组织的产生和维系有重要的参考价值。个人数据隐私侵害行为的集体诉讼，仅需代理人实施举报并参与诉讼，受害者不需举报，更不需参与诉讼。一旦胜诉，会根据既定的比例补偿受害人。这样能够极大地降低协调成本，也有利于协会组织的可持续发展。

8.4.3 降低举报成本

合理的举报机制应尽量降低举报成本，鼓励公众及社会组织监督企业的隐私保护行为，形成社会监督氛围。

（1）设立专门受理机构。隐私泄露不像其他违法行为，能立即造成损失[104]。因此，其举报很难引起相关部门的重视。应建立专门的受理机构，承担以下职能：一是搜集并筛选举报信息。多渠道地搜集相关举报信息，并对举报信息进行筛选和分类。二是核实举报信息。经过筛选后对重点信息进行跟踪和监控，以核实举报内容。三是移交相关部门。如果信息核实无误，根据具体情况，移交给具体的处理部门。这样既能广泛征集举报信息，又可以迅速甄别和传递信息，提高举报效率，节约监管成本。

（2）利用新媒体接受举报。应充分利用新媒体，如公开电子邮箱地址，应用当前流行的微博、微信及在线虚拟客服，完善举报信息的接收途径，提高举报信息处理效率。

（3）做好传播普及工作。加大传播力度，让隐私保护举报方式为公民所熟知，遇到危及隐私保护的违法行为，就能迅速举报。通过隐私保护传播普及周、建立"隐私保护节"等多种形式丰富隐私保护的宣传教育，加强公众隐私保护监督意识。

9　个人数据隐私泄露溯源机制

大数据正在开启一场重大的时代变革，正在改变人们的生活、工作与思维[139]。此变革伊始，个人数据便成为一项重要的资源，为企业的产品设计、营销等活动提供战略指导，为政府的政策、制度提供价值考量，也为科研活动提供证据支撑。正因为个人数据所蕴藏的巨大价值日益突显，个人数据的搜集、处理、交易活动空前活跃，各种创新层出不穷。然而，这些活动将个人数据隐私置于随时泄露的危险境地。近年来个人数据隐私泄露事件时常爆发，在对个人造成不同类型、程度损害的同时，也动摇着网络乃至整个社会的信用体系。为了充分发挥大数据的创新功能，需要前瞻性地研究个人数据隐私保护问题。现有文献对网络个人数据隐私保护研究较多，但主要基于法律视角[140]，缺乏对大数据环境下的前瞻性研究。关于溯源机制的应用与理论研究，主要集中于食品安全[141]、水污染[142]、重金属污染[143]等领域，取得了一定的成效。本章从个人数据溯源性及应用过程出发，提出在个人数据隐私保护领域引入溯源机制，并对其进行具体的机制设计。

9.1 隐私泄露溯源性界定

9.1.1 个人数据隐私泄露可溯源性

大数据时代，个人数据具有产品与数据的双重属性。产品属性是指个人数据能被企业、政府等主体使用并满足其特定的需求，既包括未被加工的原始个人数据，又包括被挖掘加工后形成的数据产品；数据属性是个人数据的本来属性，指个人数据作为价值信息的载体，以数据的形式被搜集、加工和销售。因此，个人数据的可追溯性有产品可追溯性及数据可追溯性两层含义。

产品层面的可追溯性，表现为对某一产品的运动或路径追溯的能力。国际标准组织（ISO）1994 年将可追溯性（Traceability）定义为"通过被记录的标志追溯一个实体的过去、用途与位置等信息的能力"[141]。通过记录个人数据在市场交易活动中的每一次运动和运动路径信息，追踪个人数据的所处状态及用途，以及在个人数据隐私泄露事件发生后，溯源个人数据运动路径，完全具备找出隐私泄露源头的能力。

数据层面的可追溯性，有数据起源、数据世系及数据溯源等中文表示，意思基本相同，英文均为"data provenance"。本书统称为数据溯源。数据由于具有易复制、易扩散等特性，溯源具有一定的难度。但是，目前已有不少根据追踪路径重现数据的历史状态和演变过程，实现数据历史档案追溯的技术[144,145]。

综上所述，大数据时代个人数据应用发生隐私泄露时具有可追溯性，可以根据个人数据运动产生的数据流信息，在面临个人数据隐私泄露溯源等需要时，重现个人数据的历史演变路径。

9.1.2 个人数据隐私泄露溯源机制作用

个人数据隐私泄露事件频发，主要原因如下：一是数据控制方滥用个人数据，或者将隐私信息非法出售以谋利；二是降低隐私保护投入，降低信息安全防护等级，以致黑客入侵，盗走个人数据；三是内部管制松懈，以致有员工偷卖数据。在行为不易被发现、处罚力度小的情况下，或出于非法交易目的，或因不提供有效保护措施，数据应用方将个人数据隐私置于极高的泄露风险之下。

针对隐私泄露风险，溯源机制主要作用如下：一是规范行业发展。溯源机制可快速找到隐私泄露源，并对泄露责任方进行严厉惩罚，从制度上迫使各数据控制方提高对个人数据隐私保护的责任意识，有利于从源头上防止隐私泄露事件的发生。二是树立市场信用。溯源机制使个人能了解其数据的来龙去脉，赢得个人对个人数据产业部门的信任，从而避免大数据可能诱发的信任危机，维护社会信用体系。三是推动技术创新。溯源机制迫使个人数据控制方采取更妥善的隐私保护措施，对现有技术手段形成倒逼，使技术创新层出不穷，有利于充分挖掘个人数据蕴藏的巨大价值。

9.2 作用机理

9.2.1 强化政府监管能力

溯源机制的缺位，让政府在个人数据隐私泄露事件中处于尴尬境地。一方面，政府保护公民数据隐私的意愿强烈，希望将隐私泄露危害降到最低限度；另一方面，政府缺乏有效的溯源预案，在隐私泄露事件发生后难以形成快速的响应机制以解决问题。有效的溯源机制可强化政府的监管能力，帮助政府监管部门实现快速反应，在个人数据隐私泄露的初期找到泄露源，阻止泄露事件扩大。同时，基于政府可进行惩罚或吊销经营许可等行政强制手段，溯源机制监管威慑力会得到进一步强化。

9.2.2 提高个人数据应用方责任意识

个人数据隐私泄露事件频发，应用数据的企业或组织对个人数据保护不够是首要原因。在行为不易被发现、处罚力度小的情况下，或出于非法交易目的，或不提供有效保护措施，这些数据应用方将个人数据隐私置于极高的泄露风险之下[146~148]。严格溯源机制可快速找到隐私泄露源，并对泄露责任方进行严厉惩罚，从制度上迫使各数据应用方提高对个人数据隐私保护的责任意识，有利于从源头上阻止隐私泄露事件的发生。

9.2.3 保障个人维权便利

溯源难一定程度上源于个人进行数据隐私维权的艰难。个人是隐私泄露溯源的直接受益者，但个人的影响力弱，停止隐私侵害与获得赔偿等利益诉求很难得到满足。有效的溯源机制有政府强有力的行政行为介入，这是个人维权的重要保障。同时，政府相关部门或第三方组织既可提供维权咨询，又可充当个人维权诉求的代理人[80,149,150]，从而实现个人在数据隐私泄露事件中顺利维权，即要求隐私侵害立即终止，合理诉求得以快速落实。

9.2.4 规范个人数据产品交易市场

虽然我国还没有开放个人数据交易市场，但现实中普遍存在以地下非法交易形式或以打法律擦边球形式"合法"开展的个人数据交易活动。在大数据时代，大数据的战略价值已引起国家高层的关注，我国开放个人数据产品交易市场将只是时间问题[151]。但是，现阶段不规范的个人数据产品交易活动中的产品质量参差不齐，而低质量意味着高的个人隐私泄露风险，最终购买方基于成本价值、风险规避等考量，易出现逆向选择行为，不利于交易规模的扩大与发展[152,153]。然而，有效的溯源机制可实现快速的隐私泄露溯源、确定责任方并进行惩罚，将迫使销售方提供高质量的个人数据产品，并采取妥善的隐私保护措施，从而提高市场交易信心，促进个人数据产品交易市场规范发展。

9.3 溯源信息传递博弈模型

溯源信息传递博弈包括上游数据企业与监管者两类。上游数据企业是指处于个人数据交易链上游的企业，是个人数据的流出方，下文以数据企业代指上游数据企业。监管者包括下游数据企业、政府与个人，其中下游数据企业是指处于交易链下端的企业，是个人数据产品的流入方，监管者是个人数据隐私泄露溯源有效进行的重要保障。下游数据企业是溯源信息的主要传递者，其监管主要通过合作与不合作产生的利益与损失实现；政府是溯源顺利进行强有力的保障，其影响主要通过监管产生的奖励与惩罚来实现；个人是隐私泄露溯源最直接的利益相关者，其监管作用通过是否向隐私泄露企业求偿来实现。鉴于三者在溯源过程中的作为都是希望对数据企业产生约束，迫使其提供高质量溯源信息的个人数据产品，而且都要付出一定的成本或代价，如下游企业会损失利润，政府会付出监管成本，个人可能需要支付律师费来赢得赔偿，因此将三者归为一类，统称为监管者，与数据企业进行博弈分析。

9.3.1 模型构建

首先，提出模型构建假设如下。

（1）监管者有监管与不监管两种策略，其中监管的概率为 P_1，不监管的概率为 $1 - P_1$。监管者的监管成本为 C_s，表示下游数据企业选择不合作时承受的利润损失，政府进行监管所付出的行政成本或个人求偿的支出等。

（2）数据企业，即上游数据企业，在监管者先行决策后有提供高质量溯源信息与低质量溯源信息个人数据产品两种策略，简称高质量与低质量，其中低质量的概率为 P_2，高质量的概率为 $1 - P_2$。

（3）当监管者进行监管而数据企业提供低质量产品时，则数据企业将面临来自监管者的惩罚 F，如下游企业采取不合作策略来减少上游企业的收益、政府通过行政罚款进行惩罚、个人则通过获得企业赔偿来惩罚隐私泄露企业，同时，上游企业还将面临声誉损失 f_1。当监管者进行监管而上游企业提供高质量产品时，监管者将获得收益 M_1，如下游企业通过市场上对个人数据产品的认同度提高和需求量增加而获益、政府期望的社会福利增加、个人隐私受到保护的收益，数据企业市场收益增加 M_2，声誉提高 f_2。

（4）当监管者不进行监管而数据企业提供低质量产品时，下游企业、政府和个人监管者会蒙受声誉或名誉损失 f_3，而数据企业将会因此而获得投机收益 r，但面临声誉损失 f_1；当监管者不监管而上游企业提供高质量产品时，则监管者获得收益 M_1，上游企业的市场收益增加 M_2，声誉提高 f_2。

然后，根据以上模型假设，构建上游企业与下游企业、政府及个人等监管者的博弈树模型，如图 9 - 1 所示。模型中空心圆点为监管者的决策点，以 P_1 的概率监管，$1 - P_1$ 的概率不监管；实心点为上游企业的决策点，以 P_2 的概率提供低质量产品，$1 - P_2$ 的概率提供高质量产品；终点结上为不同的策略组合所形成的支付向量，前者为监管者的支付，后者为上游企业的支付。

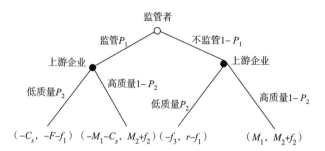

图 9 – 1　上游数据企业与个人数据隐私泄露溯源监管者之间的博弈树

9.3.2　模型求解

设 π_d 表示下游企业、政府及个人等监管者的收益预期，π_u 表示数据企业的收益预期，则模型有：

$$\pi_d = P_1 P_2(-C_s) + P_1(1 - P_2)(M_1 - C_s) + (1 - P_1)$$
$$P_2(-f_3) + (1 - P_1)(1 - P_2)M_1 \tag{9-1}$$

$$\pi_u = P_1 P_2(-F - f_1) + P_1(1 - P_2)(M_2 + f_2) + (1 - P_1)$$
$$P_2(r - f_1) + (1 - P_1)(1 - P_2)(M_2 + f_2) \tag{9-2}$$

博弈双方都期望自己的收益最大化，同时，只有当利益最大、双方都没有动机去改变策略时，才能达到博弈均衡。

要满足监管者的预期收益最大化，则要求：

$$\frac{\partial \pi_d}{\partial P_1} = P_2 f_3 - C_s = 0 \tag{9-3}$$

解得 $P_2 = \dfrac{C_s}{f_3}$。

要满足上游企业的预期收益最大化，则要求：

$$\frac{\partial \pi_u}{\partial P_2} = -P_1 F + (1 - P_1)r - (f_1 + f_2 + M_2) = 0 \qquad (9-4)$$

解得 $P_1 = \dfrac{r - (f_1 + f_2 + M_2)}{F + r}$。

9.3.3 主要结论

模型的均衡解为：$(P_1, P_2) = \left(\dfrac{r - (f_1 + f_2 + M_2)}{F + r}, \dfrac{C_s}{f_3} \right)$。

监管者的监管概率为 $P_1 = [r - (f_1 + f_2 + M_2)]/(F + r)$，由此可知 P_1：①与 F 成反比，F 越大，即数据企业提供低质量产品被发现所承担的惩罚越大，越不敢冒险提供低质量产品，则监管者监管的概率越低；②与上游企业提供低质量产品的投机净收益 $r - (f_1 + f_2 + M_2)$ 成正比，此处投机净收益为投机收益 r 与提供低质量产品面临的名誉损失 f_1、提供高质量产品所获得的市场声誉 f_2 及增加的市场收益 M_2 之间的差值，投机净收益越大，数据企业越有可能提供低质量溯源信息个人数据产品，此时监管者越可能实施监管。

上游数据企业选择提供低质量溯源信息个人数据产品的概率为 $P_2 = C_s/f_3$，由此可知 P_2：①与监管者的监管成本 C_s 正相关，C_s 越大，即下游企业不与上游企业合作带来的利益损失越大、政府监管成本越大、个人维护隐私权的成本越大时，上游数据企业越可能选择提供低质量溯源信息个人数据产品；②与不监管所面

临的声誉损失 f_3 负相关，f_3 越大，即下游数据企业受上游数据企业提供低质量产品不良市场形象的牵连而蒙受的声誉损失越大、政府因个人数据隐私泄露而遭受公众对政府不作为的指责越严重、个人因自身隐私泄露而蒙受的名誉损失越大时，上游数据企业越不可能提供低质量溯源信息个人数据产品。

9.4 溯源路径分析

9.4.1 个人数据利用数据流

个人数据应用的数据流可以分为以下 4 种。

（1）搜集——处理——应用。

（2）搜集——处理——交易——应用。

（3）搜集——交易——处理——应用。

（4）搜集——交易——处理——交易——应用。

数据流不仅要考虑数据利用环节，而且要分析所涉及的利益相关者。一个利益主体可能只参与一个环节，也可能参与多个环节，即有可能某个主体既是数据搜集者，又是数据处理者，还是数据交易者和应用者。

9.4.2 溯源路径分析

溯源路径逆数据流而行。根据数据流的情况，溯源路径刚好也有四种，在此不赘述。在这些溯源路径类型中，第一类涉及的利用环节与利益主体最少，若发生隐私泄露事件，可确定为黑客入侵或者内部人泄露，易于溯源及管制。其他类型则十分复杂，是溯源管理的重点与挑战，溯源及管制难度大。一方面，数据流经环节越多，隐私泄露过程越隐秘。另一方面，涉及主体越多，泄露主体越难以确定。例如，数据搜集、数据处理存在外包的情况，会增加溯源难度。

9.5 个人数据溯源管理体系构建

个人数据溯源管理体系主要由四个部分构成，如图9-2所示。溯源管理需要各体系、平台的共同支撑、保障与配合，反过来，也影响着各体系与平台的内容与构成。技术支撑与政策法规保障体系是进行有效溯源管理的前提，与溯源管理模式共同决定追踪溯源管理平台的组成、功能与运作模式。追踪溯源管理平台受其他三部分的影响，是追溯技术与政策法规理念的系统实现手段，与溯源管理模式融合并对其施加影响。各部分的具体介绍见下文。

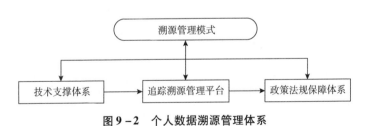

图9-2　个人数据溯源管理体系

9.5.1 溯源管理模式

溯源管理是规范个人数据市场、保护个人数据隐私的重要手段，以个人数据利用的市场化过程为基础，以个人数据在各市场主体间流动所形成的伴生信息，即溯源信息为主要依托。溯源管理基本模式如图 9 – 3 所示，由五个市场主体、利用过程及溯源过程共同组成，其中个人数据的利用与溯源过程是一个有机统一体，在利用的过程中布置溯源管理技术、执行溯源管理标准，是实现溯源管理的首要保证。

除了个人数据代理商外，模式中的组成部分在前文都有介绍，在此不赘述。个人数据代理商是具有较高谈判力的市场主体，受个人委托，管理围绕个人产生的全部"小数据"，尚处于概念提出阶段。这是大数据环境下，改变个人在个人数据交易市场中的不利地位而提出的一种解决方案。任何主体在应用个人数据时都应获得数据代理商的许可，从而有效保护个人的数据隐私。

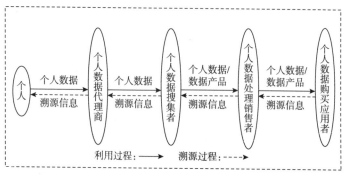

图 9 – 3　个人数据溯源管理模式

9.5.2 技术支撑体系

技术支撑体系由数据安全保密及数据追踪溯源两类技术组成，如图9－4所示。前者指个人数据隐私保护的常备技术，着眼于从源头杜绝隐私泄密，保证大数据时代市场交易中个人数据的隐私安全；是最高级别的追踪溯源，重在防范；后者指跟踪个人数据所处状态及追溯其历史运动路径的技术，既为了监管个人数据交易，又为了在隐私泄露后追查泄漏源并堵漏，防范与补救并重。

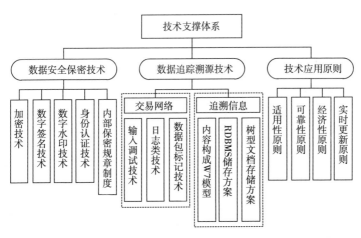

图9－4　技术支撑体系

（1）数据安全保密技术。

数据保密技术主要针对个人数据的数据属性，贯穿于个人数据的搜集、加工、分析、销售及应用等各个阶段。现在已普遍应用的知识产权保护及常规数据保密技术均可用于个人数据的安全保密，如加密技术、数字签名技术、数字水印技术及身份认证技术等可以在个人数据的储存、传输及读取等过程中提供安全保障，高级的网络安全技术可以降低个人数据信息数据库遭受网络攻击的概率。此外，通过设计保密级别、访问权限及数据销毁程序等组织内部保密规章制度，也可提高个人数据的安全性。

（2）数据追踪溯源技术。

数据追踪溯源技术兼顾个人数据的产品和数据属性，既贯穿于个人数据产品交易活动的全过程，即从个人到数据搜集、加工、销售企业，直至最终应用方，又融入了个人数据可追溯信息的获取及存储等环节。

在个人数据交易网络中，输入调试技术，通过追踪数据流经的路由器等硬件设施实现对个人数据交易活动的追踪；日志类技术，通过布置有日志记录功能的日志类技术设备，记录数据传输的源头、去向及载荷等信息，实现个人数据交易活动的追踪及溯源；数据包标记技术，通过具有数据包标记功能的设备获取个人数据传输过程信息的数据包，重构传输路径[154]。

数据传输的过程信息，即可追溯信息的获取与储存是进行溯源的前提条件。获取，即可追溯信息应包括哪些内容，目前尚无统一标准。S. Ram, J. Liu[①] 提出了"what, when, where, how, who, which, why"较为全面的 W7 模型, 即个人数据在传输的过程中应记录"数据的哪方面（which）, 在何时（when）, 何地（where）, 因何原因（why）, 被谁（who）以何物（what）如何（how）影响"。同时, 可追溯信息的储存方式决定着溯源过程的有效性, 基于 RDBMS 的关系数据库二维表存储方案, 以及将追溯信息作为树的结点进行存储的树型文档存储方案, 都可方便地存储信息, 实现过程追溯[155]。

（3）技术应用原则。

个人数据可追溯管理的技术应用应遵循以下原则。第一, 适用性原则。现有技术的应用及新技术的开发都应考虑个人数据产品和数据的双重属性, 能很好地适应个人数据可追溯管理过程。第二, 可靠性原则。个人数据交易对隐私的保密性要求很高, 任何被采用的追溯技术均应具备较高的成熟度和可靠性。第三, 经济性原则。个人数据的追溯需要数据加工、应用等企业的积极配合, 技术的经济性直接影响企业的采纳意愿, 决定可追溯管理的推广程度。第四, 实时更新原则。个人数据可追溯管理技术应实时更新, 保持与相关最高技术水平一致, 保证可追溯管理的有效性, 保护个人数据隐私安全, 维护个人数据交易网络健康运行。

---

① S. Ram, J. Liu. A New Perspective on Semantics of Data Provenance, http：//citeseerx. ist. psu. edu/viewdoc/download? doi ＝ 10. 1. 1. 154. 8485&rep ＝ rep1 &type ＝ pdf.

9.5.3 政策法规保障体系

政策法规保障体系由个人数据销售许可机制、个人数据隐私保护法规、隐私泄露举报溯源机制三部分有机组成，互为依托（见图9-5）。销售许可机制从个人数据交易伊始确定市场总体格局的可追溯性；隐私保护法规用以强化市场主体的隐私保护意识，敦促各项追溯技术与制度设计等有效落实；举报溯源机制是各项个人数据隐私保护措施的重要补充，是对各项技术、制度、平台的综合运用。

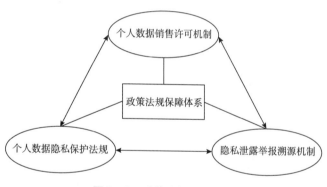

图9-5 政策法规保障体系

（1）个人数据销售许可机制。

研究认为，个人数据具有可交易性，在平衡个人数据交易与隐私保护关系的前提下，个人数据公开交易有利于规范交易市场、充分挖掘个人数据价值[156,157]。大数据时代，对个人数据的开发利用日益广泛深入，开放个人数据交易市场已不可避免，政

178

府应顺应市场发展需要，积极应对，建立销售许可机制，规范发展个人数据交易市场，解决个人数据保护与交易之间的冲突。

销售许可机制可以从质量、数量及评级淘汰等方面进行设计，以期建立一个高效、可靠的个人数据交易市场架构。通过在企业专业人才配备、数据保密技术条件、数据挖掘能力等方面进行规定，保证个人数据交易市场企业的质量；引入许可限量拍卖机制，控制该领域企业的数量；引入定期考核评级、淘汰机制，督促企业精进个人数据业务，落实个人数据隐私保护技术及法规制度，配合建立个人数据追溯体系。

（2）个人数据隐私保护法规。

隐私保护法规作为政府参与个人数据交易的主要手段，是保护个人数据隐私的强力支撑，是落实各项追溯技术、制度的重要保障。大数据环境下，我国急需专门立法，在个人数据交易的同时保护个人数据隐私。隐私保护法规应包括以下主要内容：确立个人在隐私保护中的主体地位，维护个人对个人数据的控制权、安全权及用作他途的知情权，规范个人数据的搜集、加工方式与交易技术环境，健全泄密补救方案与对侵权行为的维权机制，授予专门的政府监管机构参与个人数据交易活动的追踪与隐私泄露溯源维权过程的权力，规定侵权处罚力度等。

（3）隐私泄露举报溯源机制。

举报溯源机制是隐私泄露事件发生后最大限度减少损害的有效制度设计，是事后补救机制。举报意在及时发现隐私泄露侵权

行为，激励个人及第三方等多方主体参与监督个人数据市场交易
过程，让非法交易行为无处遁形。溯源意在隐私泄露事件发生
后，根据追溯信息及时重构个人数据交易路径，从而确定泄漏源
并堵漏，同时，搜集泄露主体非法行为证据，为隐私维权诉求、
惩罚相关主体提供证据支持。在这里，专门的政府机构受理举
报、参与溯源过程是举报溯源过程得以顺利进行的保障。

9.5.4　追踪溯源管理平台

追踪溯源管理平台是对所有技术、政策法规的系统集成，与
政府监管信息系统、企业数据库、个人终端与社会第三方等广泛
深入互联，是开展个人数据可追溯管理各项活动的公共网络平
台，可设置信息查询、动态监测、举报溯源及决策支持等子平
台，如图9-6所示。

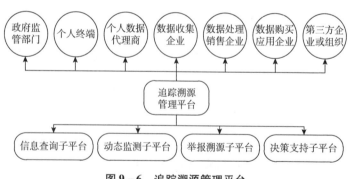

图9-6　追踪溯源管理平台

信息查询子平台用于追溯信息、政府监管通报、销售许可等
的查询，保障社会对个人数据交易的知情权。动态监测子平台为

政府对交易活动进行监管创造有效便捷的技术途径，同时，服务于个人或个人数据代理商对个人数据用途的合法性进行追踪、监管。举报溯源子平台是个人数据隐私侵犯行为的举报与维权通道，既为举报维权提供便利，又为监管部门及时回应并采取针对性措施创造条件。决策支持子平台为决策者提供决策所需的数据、信息和背景资料等，如为政府进行追溯提供行动方案参考，为举报维权提供政府部门支持与法律援助。

9.6　溯源机制设计

利用个人数据时，数据从个人流向最终应用者，如图9-7中从左至右的实线箭头；隐私泄露溯源时，则是从最终的数据应用者朝个人数据产品交易的源头进行搜寻，如图9-7中从右至左的虚线箭头。溯源机制则应以图中的个人数据流为基础，建立溯源技术标准体系、个人数据产品信息登记制度、溯源监管制度和溯源奖惩制度，通过溯源信息流，保证溯源活动的顺利进行。

9.6.1　溯源技术指标体系

该体系是为了实现个人数据隐私泄露溯源在技术上的可行性。个人数据产品和其他数字化的产品一样，具有可复制、易扩散等特征，溯源难度较大。但是并非不可能。很多知识产权的保护技术完全可以应用于个人数据产品的溯源标志体系。目前有多种先进技术用于知识产权保护，如加密技术、认证技术、数字水印、电子签名等[158]。可以在这些技术的基础上开发一套溯源技

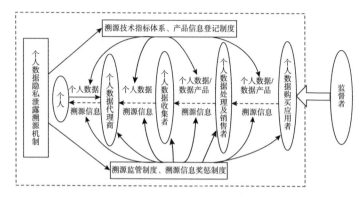

图9-7 个人数据隐私泄露溯源机制作用机理

术体系，并将其设为行业标准，进行推广和普及。

9.6.2 信息登记制度

该制度是为了对个人数据产品的每一次流转进行跟踪，让溯源有迹可循。目前，个人数据保护较为严格的欧盟有专门的个人数据登记制度（Notification），登记内容包括数据处理控制人的姓名和地址、数据处理目的、数据主体种类及其描述、数据接收者等[①]。借鉴欧盟经验，在个人数据产业链中，流转环节应记录、保存、传递、录入相关信息，提交溯源网络系统备案。对于数据采集企业，从个人数据产品搜集环节开始就要强制记录信息，在销售之前登记备案。没有按照规定程序登记备案的产品，禁止销

---

① 参见1995年欧盟的《数据保护指令》第18条至第21条。还规定，数据处理种类不可能对数据主体有不利影响和任命了个人数据保护官的可以简化或者免除登记义务。

售。对于数据加工企业，没有登记备案的产品，应禁止购买，否则买卖双方同时受罚。对于最终产品使用方，如果没有产业链前端企业的登记信息，应禁止使用。在个人数据产品信息登记的基础上，规范个人数据产业链主要参与者提供信息的行为，确保个人数据产品信息登记的真实、全面及可靠性。一旦产品信息登记发现问题，先及时控制隐私泄露风险，再彻查原因，并追究责任。

9.6.3 溯源监管制度

该制度是溯源机制发挥实效的重要保障，包括个人数据利用过程的监管与溯源过程的监管。可以借鉴欧盟的经验，设立专门的个人数据保护监管机构。只有当个人数据的利益相关者时刻面临监督检测时，才不会做出投机行为，从而确保个人数据产品信息泄露溯源机制发挥长效作用[159,160]。一是监督企业。对产业链各环节所提供信息的真实性和全面性进行复检。提供的信息不符合要求，补齐后方可流转；弄虚作假的，没收其产品并追究其责任，严重者禁止流转。二是救济受害人。接受各类个人数据隐私泄露事件举报及投诉，及时终止隐私泄露，落实侵权赔偿等。

9.6.4 溯源信息奖惩制度

该制度旨在强化溯源机制的威慑强制作用。政府作为重要的监管主体，可以利用信誉来激励个人数据产品产业链参与者的溯源行为[161]。对在个人数据产品交易过程中存在溯源信息造假等行为的，在依法追究其责任的同时，将其列入"黑名单"，并公开发布，曝光违规者的行为，使其丧失公众信用。同时借助舆论力量，对提供全面、真实信息的个人数据搜集企业和加工企业予以表彰，增强其产品的信誉度。这样通过激励与约束并举来规范个人数据产品交易主体提供信息的行为。

10 保护个人隐私，我们应该做什么

10.1 结论

面对大数据应用带来的创新与隐私保护的两难选择，本书首先梳理国外经验，调研国民对隐私的态度，再进行隐私规制总体设计，明确隐私规制的价值取向、机制构成及其内在关系，然后针对三大主要机制开展了研究。

（1）国外经验。

完善法律法规，明确隐私范围，保障个人对数据搜集的知情权，加大隐私泄漏惩罚，使个人隐私遭到侵犯时能及时按照法律法规维护自己的合法权益。加强对国人隐私观念的调查，根据其隐私认知内容、隐私关注、隐私信任实际情况，制定保护策略。通过各种行业标准、行业组织等行业自律方式，全面

提升互联网、移动互联网等各种网络空间隐私保护水平。鼓励企业和科研机构进行技术创新，推出新型的隐私保护产品及服务。

（2）国内调研。

隐私是制约大数据时代个人数据价值挖掘的关键因素之一。为了深入了解国人隐私观念，通过访谈和509份问卷分析发现，国人对于公共场所视频音频资料、社交网站资料、遵纪守法情况的隐私认识尚不够；未成年人、老人的隐私意识不够；未成年人、女性、老年人的隐私保护技能欠缺。国人隐私关注的主要维度为搜集方信用、本人知情、事后救济。当前，各行各业存在不同程度的隐私信任危机，已经危及社会信用体系。建议完善相关法律法规，加强隐私意识教育和隐私技能培训。

（3）规制机制总体设计。

政府进行个人数据的隐私规制主要包括个人数据处理审查机制、制定匿名/化名处理标准规范、个人数据销售许可机制、个人数据流转登记机制、个人数据国际流动审查机制、个人数据隐私泄露举报机制和个人数据隐私泄露溯源机制。由于审查机制和数据处理规范可以视为销售许可机制的组成部分，流转登记和国际流动审查机制可以视为溯源机制的组成部分，因此中国个人数据交易隐私规制机制主要包括个人数据销售许可机制、个人数据隐私泄露举报机制、个人数据隐私泄露溯源机制。

（4）个人数据销售许可机制研究。

销售许可机制的主要作用为：分离个人数据的隐私与资产双重属性，约束个人数据控制权与主体分离状态下的企业行为，形成业内竞争性监督。从许可销售的数据类型、许可的类型、许可授予方式、许可的撤销等方面对具体机制设计进行了研究。

（5）个人数据隐私泄露举报机制研究。

为了保障公众的监督权利，需要建立个人数据隐私泄露举报机制。通过建模分析无、有奖励情形下个人及隐私保护协会组织的举报行为发现：无举报奖励时协会组织举报监督效果要优于个人；举报奖励是有效的激励机制，能使个人及协会组织监督效率提高；合适的奖励强度能同时激发个人和协会组织的最大作用。最后，提出了建立举报奖励机制、支持协会组织、降低举报成本等建议。

（6）个人数据隐私泄露溯源机制研究。

受市场需求、隐私安全需要、数据追踪溯源技术发展及政府深度参与等因素驱动，个人数据溯源管理已具备条件。设计由溯源管理模式、技术支撑体系、政策法规保障体系及追踪溯源管理平台等构成的溯源管理体系，可从产品和数据层面实现个人数据的追踪溯源。构建博弈模型，分析数据销售企业之间、数据销售上游企业与下游企业、政府以及个人的信息传递行为及其道德风险。在分析个人数据可溯源性及溯源路径的基础上，构建以溯源技术标准体系、产品信息登记制度、溯源监管制度、溯源信息奖惩制度等为主要内容的个人数据隐私泄露溯源机制，确保平衡个人隐私保护和个人数据资源合理挖掘利用。

10.2 展望

无论是公共部门还是民营组织，在个人数据资源中萃英取华，要在大数据时代浪潮中获得发展机遇，就要处理好创新和隐私保护的关系。具体来说，以下方面的理论研究急需突破。

（1）个人数据隐私保护法律法规。

健全的法律法规体系是实现个人数据隐私保护最有力的保证[140,162]，对于规范个人数据搜集、处理、交易、应用的系列行为不可或缺。

一是明确个人数据权的法律地位。个人数据兼具财产权、人格权的权利属性，经过处理后，又具有知识产权属性，并非现有的法律权利体系可以囊括[163~165]，有必要从法理的角度深入分析，将其提升为一种新型的权利。

二是对公共权力机构行为的规范。为了维护自身的统治地位或者自身利益，公共权力机构有很强的驱动力搜集个人数据，并对个人进行人身、思想等方面的控制[166,167]。应确保其对个人数据的搜集仅出于公共利益。

三是对企业行为的奖惩。市场交易方面涉及个人数据搜集、挖掘、加工、销售等企业经济行为，应制定相关法律法规形成激励与惩罚并重的局面。奖励主要通过销售许可、税收奖励等手段实现，规范经营的数据企业可获得比投机经营更大的奖励。惩罚可以通过剥夺销售许可实现，但更主要是加大惩罚力度，每家经营个人数据产品交易业务的企业都应为出售数据产品及应用数据产品的行为进行背书，当发生隐私泄露事件时，使其受惩罚蒙受的损失大于提供低质量溯源信息产品时所能获得的收益，保证溯源信息的可信度，实现实行个人隐私泄露溯源机制之目的。奖励与惩罚并举，促使企业高度重视个人数据产品交易时的个人隐私保护。

四是对个人隐私侵害的救济。救济主要是实现在隐私泄露事件发生后，为隐私受侵害个人的维权行为提供便利[168]，即实现个人维权有处可诉、有法可依、诉求机制快捷迅速、诉讼即止等。有处可诉指个人发现自己的数据隐私权受到侵害后有专门的机构可以受理投诉；有法可依指有明确有力的法律法规可以服务于要求停止侵权、获得赔偿等维权过程；诉求机制快捷迅速指维护数据隐私的请求可以马上得到响应；诉讼即止指维权行为一发生对个人数据隐私权的侵害行为就可以得到制止。总之，这方面的法律法规应致力于简化个人数据隐私侵害维权程序，减少或不发生个人维权成本，隐私损害能获得合理赔偿，从而实现监督的有效性。

（2）个人数据隐私安全监管体系。

监管主体缺失是时下中国个人数据隐私泄露事件频发的主要原因之一，组建个人数据隐私保护归口监管机构将极大提升个人数据产品交易规范力度及个人数据隐私权益保护力度。企业个人数据产品隐私保护投入与政府的监管成本成正比，监管投入越多，隐私保护力度越大。政府应健全监管体系，监管职能应贯穿销售许可授予、隐私泄露举报受理、隐私泄露溯源全过程，加大监管力度，提高监管效率，抑制企业的投机行为。可以借鉴欧盟的经验，如欧盟有专门的隐私监管机构——欧盟数据保护工作组（Article 29 Data Protection Working Party），欧盟各国都有相关的机构，如荷兰有数据保护局、英国有信息专员等。根据中国的实际情况，如何构建专门、专业的监管机构，值得深入研究。

（3）个人数据隐私保护第三方组织。

个人数据隐私保护问题监督难度大，监管成本高，是典型的政府失灵易发领域，第三方组织是很好的补充。个人数据隐私保护第三方组织不以赢利为目的，致力于个人数据隐私保护的监督除了非营利性的行业协会，某些信息安全企业为了履行社会责任，提高社会影响力，也能成为第三方组织。成熟的第三方可形成对个人数据产品交易的强大约束力，让只顾获利而置个人隐私于高风险的数据企业无处遁形。可以借鉴国外的先进经验，加大对第三方组织的扶持力度，并鼓励其走国际化路线，与国际组织联盟，共同推动个人数据交易市场的健康发展。可以结合当前简政放权的深化改革大背景，研究如何引导和培育第三方组织发展，以有效分担保护个人隐私的准公共职能。

（4）个人数据国际流动。

个人数据作为一种战略性资源，对于其跨境流动没有前瞻性的举措，不仅在产业方面失去优势，还将影响国家信息安全及国际竞争力，甚至会在数据资源的国际竞争中错失良机。本书虽有涉及，并没进行深入研究，这也是下一步的研究重点。

附录一　网络隐私保护调查问卷

尊敬的女士/先生：

　　您好！近年来，个人数据滥用以及个人隐私泄露事件频发，很多人都受到不同程度的侵害。为了了解您对个人信息的相关看法，以便提出保护个人隐私信息的具体应对策略，请您协助填写此问卷。您的意见仅供研究使用。对您的支持与配合表示诚挚的谢意！

　　1. 随着信息技术越来越深入的渗透到生活中，人们留下了大量电子化的个人数据。下列个人数据，您认为哪些属于个人隐私？

　　2. 哪些经常被泄露？

A 家庭成员	B 工作单位	C 公共场所被拍摄的视频、音频资料	D 电话号码	E E - Mail 账号密码

F QQ、飞信等社交软件账号密码	G 社交网站的朋友及圈子	H 网络日志	I 婚姻与生育状况	J 网络相册及照片
K 指纹、声纹、DNA 等个人生物数据	L 个人、商业信誉	M 遵纪守法情况	N SIP 地址	O 手机位置信息
P 上网记录	Q 网购记录	R 网络言论		

其他:

3. 您是否对这些隐私信息进行保护?（请在方框内打✓，电子版则用✓）

☐ 主动地采取措施保护

☐ 有防范意识但没有采取特别保护措施

☐ 有防范意识但不知道如何保护

☐ 从未意识到需要保护

4. 假如您的个人信息受到侵害，您会怎么做?（请在方框内打✓）

☐ 默默忍受　☐ 举报　☐ 诉讼　☐ 网络发帖，提醒大家别上当

5. 您觉得哪些可能泄露个人信息?（请在方框内打✓）

☐ QQ/MSN 聊天	☐ 博客/微博	☐ 电子邮件	☐ 在线下载
☐ 在通信公司开户	☐ 单位/学校要求填写的各项信息	☐ 政府要求填写的各项信息	☐ 网上购物

□ 办理银行卡	□ 买房、买车、买保险	□ 炒股	□ 投递简历
□ 旅游住宿	□ 社团活动	□ 在线抽奖	□ 医院就诊
□ 办理企业会员卡			
其他			

6. 很多网站提供的服务（如购物网站的商品推荐，社交网站的好友推荐等）都应用了您的信息，您是否知情？（请在方框内打✓）

　　□ 知情　□ 不知情

7. 是否介意上述推荐服务应用您的个人信息？（请在方框内打✓）

　　□ 很介意　□ 介意　□ 无所谓　□ 乐意　□ 很乐意

8. 您对个人数据最大的担忧是什么？（请在方框内打✓）

　　□ 不知情的情况下被搜集　□ 搜集后不遵守承诺滥用　□ 搜集后本人失去控制权

　　□ 搜集后不能保障其安全　□ 发生事故后没有相应的补偿

9. 您认为如何加强隐私保护？（请在方框内打✓）

　　□ 依靠企业自律　　□ 出台法律法规　□ 设立举报机构　□ 其他

9. 您的性别？（请在方框内打✓）

　　□ 男　□ 女

10. 您的年龄段?（请在方框内打✔）

□ 18 岁以下　□ 18 ~ 30 岁　□ 31 ~ 40 岁　□ 41 ~ 50 岁
□ 51 ~ 60 岁　□ 60 岁以上

11. 您的受教育程度?（请在方框内打✔）

□ 初中及以下　□ 高中/职专　□ 专科　□ 本科　□ 硕士及
以上

12. 您目前从事的职业?（请在方框内打✔）

□ 全日制学生　□ 专业人士（会计师、建筑师、律师、医护
人员、记者等）

□ 市场/公关人员　□ 财务/审计人员　□ 文职/办事人员
□ 技术/研发人员　□ 教师　□ 其他

附录二　访谈提纲

1. 您认为哪些属于个人数据？其中哪些属于隐私？

2. 您的个人数据或信息有没有被人侵犯过？都是在哪些情况下被侵犯的？

3. 发现个人数据被人泄露导致隐私被侵犯，您有何感想？有何行动？

4. 平时采取哪些措施防止个人数据被滥用？

5. 您觉得在哪些情况下，个人数据最容易被不经允许地滥用？

6. 在您印象中，都向哪些人或组织提供过个人数据？哪些组织或人可能会滥用您的个人数据？

7. 是否愿意出售您的个人数据？如果匿名化处理后您是否愿意出售呢？

8. 网上很多优惠或抽奖活动都需要填写个人信息，对此您怎么看？在哪些情况下您愿意填写？

9. 您了解大数据吗？信息技术的快速发展对于个人隐私保护带来的冲击以及提供的各种优质服务，您怎么看？

10. 对于加强隐私保护您有什么建议？

参考文献

［1］ 涂子沛：《大数据：正在到来的数据革命，以及它如何改变政府》，《商业与我们的生活》，广西师范大学出版社，2012。

［2］ 王忠：《美国推动大数据技术发展的战略价值及启示》，《中国发展观察》2012 年第 6 期。

［3］ Laurila J. K. et al., The Mobile Data Challenge：Big Data for Mobile Computing Research. In：Mobile Data Challenge by Nokia Workshop, in Conjunction with Int Conf on Pervasive Computing, Newcastle, UK；2012.

［4］ 陈美：《大数据在公共交通中的应用》，《图书与情报》2012 年第 6 期。

［5］ Larsen J., "Big Data Analytics：The Future of Information Storage", *Communications*, 2012.

［6］ Sobek M et al.，"Big Data：Large – Scale Historical Infrastructure from the Minnesota Population Center"，*Historical methods*，2011.

［7］ 王忠:《美国网络隐私保护框架的启示》,《中国科学基金》2013 年第 2 期。

［8］ Gantz J.，Reinsel D.，Extracting Value from Chaos：International Data Corporation，2011.

［9］ 丹陶:《大数据"ABC"》,《中国记者》2014 年第 3 期。

［10］ Gordon Jenny，Wiseman Louise. Guidelines for the Use of Personal Data in System Testing：BSI；2003.

［11］ 蒋骁、仲秋雁、季绍波:《网络隐私的概念、研究进展及趋势》,《情报科学》2010 年第 2 期。

［12］ 王利明、徐明、杨立新:《人格权法新论》,吉林人民出版社,1994。

［13］ 植草益、朱绍文:《微观规制经济学》,中国发展出版社,1992。

［14］ Szesztay Endre，Mihály Attila. Enhanced Privacy Protection in a Telecommunication Network. In：US Patent 20130115921；2013.

［15］ 杨庚、李森、陈正宇等:《传感器网络中面向隐私保护的高精确度数据融合算法》,《计算机学报》2013 年第 1 期。

［16］ 姚朝兵:《个人信用信息隐私保护的制度构建——欧盟及美国立法对我国的启示》,《情报理论与实践》2013 年第 3 期。

［17］ Hallinan D. , Friedewald M. , McCarthy P. , "Citizens' perceptions of data protection and privacy in Europe", *Computer Law and Security Review*, 2012, 28 (3): 263 – 272.

［18］ Gidron T. , "Privacy protection as a case study in personal rights protection in Israeli law", *Computer Law and Security Review*, 2012, 28 (3): 283 – 295.

［19］ 郑成思:《个人信息保护立法——市场信息安全与信用制度的前提》,《中国社会科学院研究生院学报》2003 年第 2 期。

［20］ 张素华:《个人信息商业运用的法律保护》,《苏州大学学报》2005 年第 2 期。

［21］ Park Yong Jin, Campbell Scott W. , Kwak Nojin, "Affect, Cognition and Reward: Predictors of Privacy Protection Online" *Computers in Human Behavior*, 2012, 28 (3): 1019 – 1027.

［22］ Lee Dong – Joo, Ahn Jae – Hyeon, Bang Youngsok, "Managing consumer privacy concerns in personalization: A strategic analysis of privacy protection", *MIS Quarterly – Management Information Systems*, 2011, 35 (2): 423.

［23］ Kosseim Patricia, etal. , "Privacy Protection and Public Goods: Building a Genetic Database for Health Research in Newfoundland and Labrador", *Journal of the American Medical Informatics Association*, 2013, 20 (1): 38 – 43.

[24] Hoofnagle Chris Jay, "Big Brother's Little Helpers: How ChoicePoint and Other Commercial Data Brokers Collect and Package Your Data for Law Enforcement", *NCJ Int'l L & Com Reg*, 2003, 29: 595.

[25] Hoofnagle Chris, Urban Jennifer, Li Su. Privacy and Modern Advertising: Most US Internet Users Want 'Do Not Track' to Stop Collection of Data about their Online Activities. In: Amsterdam Privacy Conference, 2012.

[26] 孟小峰、慈祥:《大数据管理: 概念、技术与挑战》,《计算机研究与发展》2013 年第 1 期。

[27] Buxton B., etal., "Big data: the next Google. Interview by Duncan Graham-Rowe", *Nature*, 2008, 455 (7209): 8 – 9.

[28] Dendrou Calliope A, Bell John I, Fugger Lars, "Weighing in on Autoimmune Disease: Big Data Tip the Scale", *Nature Medicine*, 2013, 19 (2): 138 – 139.

[29] Lohr Steve, "The Age of Big Data", *New York Times*. 2012, 11.

[30] Bughin J., Chui M., Manyika J. Clouds, "Big data, and Smart Assets: Ten Tech – enabled Business Trends to Watch", *McKinsey Quarterly*, 2010, 56.

[31] Bizer C., etal., "The Meaningful Use of Big Data: Four perspectives——Four Challenges", *ACM SIGMOD Record*. 2012,

40（4）：56 – 60。

[32] 黄升民、刘珊：《"大数据"背景下营销体系的解构与重构》，《现代传播》（中国传媒大学学报）2012 年第 11 期。

[33] 黄晓斌、钟辉新：《大数据时代企业竞争情报研究的创新与发展》，《图书与情报》2012 年第 6 期。

[34] 李广建、杨林：《大数据视角下的情报研究与情报研究技术》，《图书与情报》2012 年第 6 期。

[35] 李国杰、程学旗：《大数据研究：未来科技及经济社会发展的重大战略领域——大数据的研究现状与科学思考》，《中国科学院院刊》2012 年第 6 期。

[36]《大数据发展蓝皮书 2012》，赛迪顾问，2012。

[37] Miller H Gilbert, Mork Peter, "From Data to Decisions: A Value Chain for Big Data", *IT Professional*, 2013, 15 (1): 57 – 59.

[38] Manyika J. , Chui M. , Brown B. , "Big data: the next frontier for innovation, competition and productivity", *McKinsey Global Institute*, 2012.

[39] Ladley John, "Data Governance: How to Design, Deploy and Sustain an Effective Data Governance Program", *Morgan Kaufmann*, 2012.

[40] Tinati Ramine, etal. , "Exploring the Impact of Adopting Open Data in the UK Government", *Digital Futures*, 2012: 104 – 121.

［41］Chowdhury A., "Big Data for Development: Opportunities and Challenge", *United Nations* 2012.

［42］Rubinstein Ira. Big Data: The End of Privacy or a New Beginning? New York: NYU School of Law; 2012.

［43］Grumbach Stephane, The stakes of Big Data in the IT industry: China as the next global challenger? In: The 18th International Euro – Asia Research Conference, The Globalisation of Asian Markets: im – plications for Multinational Investors, Venezia, January 31 and February 1st, 2013.

［44］洪海林:《个人信息财产化及其法律规制研究》,《四川大学学报》(哲学社会科学版) 2006 年第 5 期。

［45］Wang Zhong, "Big Data: Key Factors of Production in Information Age", *Contemporary Asian Economy Research*, 2013, (2): 52 – 60.

［46］Davis Kord, Patterson Doug. Ethics of Big Data: Balancing Risk and Innovation: O'Reilly Media, Inc., 2012.

［47］Muschalle Alexander, et al., Pricing Approaches for Data Markets. In: 6th International Workshop on Business Intelligence for the Real Time Enterprise (BIRTE), Istanbul, Turkey, 2012.

［48］Personal Data, The Emergence of a New Asset Class. In: World Economic Forum; 2011.

［49］威廉·配第:《配第经济著作选集》,商务印书馆,1981。

［50］ 萨伊:《政治经济学概论》,陈福生、陈振骅译,商务印书馆,1997。

［51］ 马克思、恩格斯:《马克思恩格斯全集》(25卷),人民出版社,1962。

［52］ Kelly Jeff、果苹:《解析大数据市场格局》,《通信世界》2012年第5期。

［53］ 夏晓婷:《大数据为企业创造巨大价值》,《中国物流与采购》2014年第6期。

［54］ 王金照、于晓龙:《大数据的经济学涵义及价值创造机制》,《中国国情国力》2014年第2期。

［55］ 倪宁、金韶:《大数据时代的精准广告及其传播策略——基于场域理论视角》,《现代传播》(中国传媒大学学报)2014年第2期。

［56］ Borkar V. , Carey M. J. , Li C. , "Inside Big Data Management: ogres, Onions, or Parfaits?" ACM; 2012. pp. 3 ~ 14.

［57］ 马毅:《商业银行邂逅大数据:挑战与竞争战略演进》,《征信》2014年第2期。

［58］ White Martin. , "Big Data——Big Challenges," EContent, 2011, 34 (9): 21 – 21.

［59］ 何非、何克清:《大数据及其科学问题与方法的探讨》,《武汉大学学报》(理学版)2014年第1期。

［60］ 刘伟、榕贺威:《大数据时代的科研革新》,《未来与发展》

2014 年第 2 期。

[61] 刘薇:《大数据时代的媒资之变》,《中国广播电视学刊》
2014 年第 1 期。

[62] 王凌:《论大数据时代媒体业发展趋势》,《中国出版》
2014 年第 1 期。

[63] 祝兴平:《大数据与经济新闻生产方式的颠覆与重构》,
《中国出版》2014 年第 4 期。

[64] 廖安安、张炯:《大数据时代新闻编辑能力重构》,《中国
出版》2014 年第 2 期。

[65] 南瑞琴:《"大数据"背景下经济新闻生产机制的"变"与
"不变"》,《新闻知识》2014 年第 1 期。

[66] Sahoo Satya S. , et al. , "Heart Beats in the Cloud: Distributed
Analysis of Electrophysiological 'Big Data' Using Cloud Compu-
ting for Epilepsy Clinical Research", *Journal of the American Medi-
cal Informatics Association*, 2014, 2.

[67] 李海剑:《我国个人信息保护立法探析》,广东商学院硕士
论文, 2011。

[68] 肖秋会:《俄罗斯信息法研究综述》,《中国图书馆学报》
2013 年第 6 期。

[69] 贺栩栩:《比较法上的个人数据信息自决权》,《比较法研
究》2013 年第 2 期。

[70] Warren Samuel D. , Brandeis Louis D. , "The Right to Priva-

cy", *Harvard Law Review*, 1890: 193 – 220.

[71] Zalud B. , "Security or Privacy: Americans Concerned of Fed Phone, Internet Surveillance", *Security*, 2013, 50 (9): 120 – 120.

[72] 城田真琴:《ビッグデータの衝撃: 巨大なデータが戦略を決める》, 東洋経済新報社, 2012。

[73] L. PROSSER W. , "Privacy", *California Law Review*, 1960, 48: 383 – 423.

[74] Pedersen Darhl M. , "Model for Types of Privacy by Privacy Functions", *Journal of Environmental Psychology*, 1999, 19 (4): 397 – 405.

[75] Wong RC, "Big Data Privacy", *Inform Tech Softw Eng*, 2012, 2: e114.

[76] Schadt Eric E. , "The Changing Privacy Landscape in the Era of Big Data," *Molecular Systems Biology*, 2012, 8 (1): 11 – 23.

[77] Rosen Jeffrey. , "The Unwanted Gaze: The Destruction of Privacy in America", *Random House LLC*, 2011.

[78] 张新宝:《隐私权研究》,《法学研究》1990 年第 3 期。

[79] 王利明、杨立新:《人格权与新闻侵权》, 中国方正出版社, 1995。

[80] 王姗:《个人数据经济时代我国个人资料隐私权私法保护之完善》,《法制与经济》(下旬) 2013 年第 9 期。

［81］ Culnan Mary J. ，" 'How Did They Get My Name?' : An Ex-
ploratory Investigation of Consumer Attitudes Toward Secondary
Information Use", *Mis Quarterly*, 1993, 17（3）.

［82］ Smith H. Jeff, Milberg Sandra J. , Burke Sandra J. , "Informa-
tion Privacy: Measuring Individuals' Concerns About Organiza-
tional Practices", *MIS quarterly*, 1996, 20（2）.

［83］ Culnan Mary J. , Armstrong Pamela K. , "Information Privacy
Concerns, Procedural Fairness, and Impersonal Trust: An Em-
pirical Investigation", *Organization Science.* 1999, 10（1）: 104 –
115.

［84］ Stewart Kathy A. , Segars Albert H. , "An empirical examina-
tion of the concern for information privacy instrument", *Infor-
mation Systems Research*, 2002, 13（1）: 36 – 49.

［85］ Malhotra Naresh K. , Kim Sung S. , Agarwal James, "Internet
Users' Information Privacy Concerns（IUIPC）: the Construct,
the Scale, and a Causal Model", *Information Systems Research*,
2004, 15（4）: 336 – 355.

［86］ Murdoch Travis B. , Detsky Allan S. , "The Inevitable Applica-
tion of Big Data to Health Care", *Journal of the American Medical
Association*, 2013, 309（13）: 1351 – 1352.

［87］ 杨姝、王渊、王刊良:《互联网环境中适合中国消费者的隐
私关注量表研究》,《情报杂志》2008 年第 10 期。

[88] Eckhoff D. , Sommer C. , "Driving for Big Data? Privacy Concerns in Vehicular Networking", *IEEE Security & Privacy*, 2014, 12 (1): 77-79.

[89] 张艳欣、康旭冉:《大数据时代社交网络个人信息安全问题研究》,《兰台世界》2014年第5期。

[90] Shneiderman Ben, Designing Trust into Online Experiences, Communications of the ACM, 2000, 43 (12): 57-59.

[91] 徐圣飞:《个人线上自我揭露行为之研究》,国立云林科技大学管理研究所博士班,2010。

[92] Chan Wendy Wing Lam, Ma Will Wai Kit. , *Exploring the Influence of Social Ties and Perceived Privacy on Trust in a Social Media Learning Community.* In: Hybrid Learning and Continuing Education: Springer; 2013: 134-144.

[93] Al-alak Basheer AM. , Ibrahim AM. , "Mobile Marketing: Examining the Impact of Trust, Privacy Concern and Consumers'Attitudes on Intention to Purchase", *International Journal of Business & Management*, 2010, 5 (3).

[94] Dwyer Catherine, Hiltz Starr Roxanne, Passerini Katia, *Trust and Privacy Concern Within Social Networking Sites: A Comparison of Facebook and My Space.* In: AMCIS; 2007.

[95] Pearson Siani. , *Privacy, Security and Trust in Cloud Computing. In:* Privacy and Security for Cloud Computing: Springer;

2013: 3 – 42.

[96] 杨姝、王刊良、王渊等:《声誉、隐私协议及信用图章对隐私信任和行为意图的影响研究》,《管理评论》2009 年第3 期。

[97] 王小燕:《隐私协议、隐私印章对网络银行顾客信任及使用意向影响研究》,《预测》2012 年第 1 期。

[98] 王丽闲:《基于社会信任的用户网络隐私关注与保护行为探究》,《电子测试》2013 年第 24 期。

[99] Carmagnola Francesca, Osborne Francesco, Torre Ilaria., "Escaping the Big Brother: An empirical study on factors influencing identification and information leakage on the Web", *Journal of Information Science*, 2014, 40 (2): 180 – 197.

[100] 凡菊、姜元春、张结魁:《网络隐私问题研究综述》,《情报理论与实践》2008 年第 1 期。

[101] Banisar David, "National Comprehensive Data Protection/Privacy Laws and Bills 2013 Map", *Privacy Laws and Bills*, 2013.

[102] Baldini Gianmarco, et al., *A Framework for Privacy Protection and Usage Control of Personal Data in a Smart City Scenario.* In: Critical Information Infrastructures Security: Springer; 2013: 212 – 217.

[103] Freeman R. Edward, The Politics of Stakeholder Theory: Some future directions, *Business Ethics Quarterly*, 1994, 4

（4）：409－421.

［104］卢小宾、袁文秀：《网络个人数据隐私权保护体系的三透视》，《情报资料工作》2005 年第 3 期。

［105］高锡荣、杨康：《影响互联网用户网络隐私保护行为的因素分析》，《情报杂志》2011 年第 4 期。

［106］董燕影、周庆山：《网络隐私第三方认证机制初探》，《情报理论与实践》2009 年第 5 期。

［107］应飞虎：《食品安全有奖举报制度研究》，《社会科学》2013 年第 3 期。

［108］章志远：《食品安全有奖举报制度之法理基础》，《北京行政学院学报》2013 年第 2 期。

［109］乔德福：《群众举报腐败行为工作机制探究》，《郑州大学学报》（哲学社会科学版）2007 年第 6 期。

［110］Organization World Health. Global Price Reporting Mechanism, 2006.

［111］Diab Jessica, Riley Stephanie, Overton David T., "The Family Education Rights and Privacy Act's Impact on Residency Applicant Behavior and Recommendations: A pilot study", *The Journal of Emergency Medicine*, 2011, 40 (1): 72 – 75.

［112］马晓亭：《大数据时代图书馆个性化服务读者隐私保护研究》，《图书馆论坛》2014 年第 2 期。

［113］马怀德：《行政法学》，中国政法大学出版社，2007。

[114] 郑嘉楠:《Web2.0 网站隐私权保护条款研究》,《图书馆学研究》2007 年第 11 期。

[115] 张馨:《网站隐私权保护政策的行政监管》,《湖北工业大学学报》2011 年第 6 期。

[116] 向海华:《数字图书馆中用户隐私保护的新问题——用户的高度信任与图书馆员的准备不足之间的矛盾》,《图书与情报》2005 年第 1 期。

[117] 毛剑、李坤、徐先栋:《云计算环境下隐私保护方案》,《清华大学学报》(自然科学版) 2011 年第 10 期。

[118] Barnard – Wills David, Ashenden Debi, "Playing with Privacy: Games for Education and Communication in the Politics of Online Privacy", *Political Studies*, 2013.

[119] Youn Seounmi, College Emerson, "The Influence of Consumer Socialization Factors on Teens' Privacy Concerns and Information Disclosure on the Internet", In: The 57th Annual Conference of the American; 2011.

[120] 康海燕:《面向大数据的个性化检索中用户匿名化方法》,《西安电子科技大学学报》2014 年第 5 期。

[121] Musolesi Mirco. , "Big Mobile Data Mining: Good or Evil?" *Ieee Internet Computing*, 2014, 18 (1): 78 – 81.

[122] Li Ruixuan, et al. , Efficient Multi – Keyword Ranked Query over Encrypted Data in Cloud Computing, *Future Generation*

Computer Systems – the International Journal of Grid Computing and
Escience, 2014, 30: 179 – 190.

[123] Kum Hye – Chung Eetal., "Privacy Preserving Interactive Record Linkage (PPIRL)", *Journal of the American Medical Informatics Association*, 2014, 21 (2): 212 – 220.

[124] 周琼琼、何亮:《大数据时代我国科技资源领域发展探析》,《科技进步与对策》2014 年第 2 期。

[125] 琳惠:《大数据时代本土零售业精确营销探讨——基于数据挖掘的角度》,《商业时代》2014 年第 4 期。

[126] 刘江玲:《面向大数据的知识发现系统研究》,《情报科学》2014 年第 3 期。

[127] 朱丽梅:《大数据时代档案馆公共服务的探讨》,《兰台世界》2014 年第 2 期。

[128] 何军:《大数据对企业管理决策影响分析》,《科技进步与对策》2014 年第 4 期。

[129] 迪莉娅:《我国大数据产业发展研究》,《科技进步与对策》2014 年第 4 期。

[130] 刘志超、勇陈、姚志立:《大数据时代的电子商务服务模式革新》,《科技管理研究》2014 年第 1 期。

[131] Kum Hye – Chung, et al., "Social Genome: Putting Big Data to Work for Population Informatics", *Computer*, 2014, 47 (1): 56 – 63.

［132］Fairfield Joshua, Shtein Hannah, "Big Data, Big Problems: Emerging Issues in the Ethics of Data Science and Journalism", *Journal of Mass Media Ethics*, 2014, 29（1）: 38 – 51.

［133］维克托·舍恩伯格:《删除:大数据取舍之道》, Viktor、袁杰译, 浙江人民出版社, 2013。

［134］李利平、李术才、陈军等:《基于岩溶突涌水风险评价的隧道施工许可机制及其应用研究》,《岩石力学与工程学报》2011 年第 7 期。

［135］岳贤平、顾海英,《技术许可中道德风险问题的价格契约治理机制研究》,《经济学》(季刊) 2006 年第 4 期。

［136］张向前、张映华、楼晋阳:《试析新时期我国行政许可——解读〈中华人民共和国行政许可法〉》,《开发研究》2005 年第 1 期。

［137］Manshaei Mohammadhossein, et al., "Game Theory Meets Network Security and Privacy", *ACM Transaction on Computational Logic*, 2011, 5.

［138］张秀兰:《网络隐私权保护研究》, 北京图书馆出版社, 2006。

［139］维克托、迈尔、舍恩伯格肯尼思·库克耶:《大数据时代:生活、工作与思维的大变革》, 盛杨燕、周涛译, 浙江人民出版社, 2013。

［140］凡菊、姜元春、张结魁:《网络隐私问题研究综述》,《情

报理论与实践》2008 年第 1 期。

[141] K. M. Karlsen B. Dreyer, "Literature Review: Does a Common Theoretical Framework to Implement Food Traceability Exist?" *Food Control*, 2013, 32: 409 – 417.

[142] 杨海东、肖宜、王卓民等:《突发性水污染事件溯源方法研究》,《水科学进展》2014 年第 1 期。

[143] 王飞、赵立欣、沈玉君等:《华北地区畜禽粪便有机肥中重金属含量及溯源分析》,《农业工程学报》2013 年第 19 期。

[144] C. Goble. Position statement: Musings on Provenance, Workflow and (semantic Web) Annotations for Bioinformatics, Proc of Workshop on Data Derivation and Provenance, 2002.

[145] 明华、张勇、符小辉:《数据溯源技术综述》,《小型微型计算机系统》2012 年第 9 期。

[146] 蓝蓝:《网络用户个人数据权利的性质探析》,《网络法律评论》2012 年第 1 期。

[147] 李琴:《论个人数据隐私权的法律保护》,西南财经大学硕士论文,2013。

[148] 吕国人、黎敏铮:《浅谈个人数据安全》,《才智》2013 年第 20 期。

[149] 邱柏云:《基于云存储的个人数据安全保护机制》,《电脑知识与技术》2012 年第 15 期。

［150］ 伍艳：《论网络信息时代的"被遗忘权"——以欧盟个人数据保护改革为视角》，《图书馆理论与实践》2013 年第11 期。

［151］ 飞陈：《大数据时代信息经济发展趋势及对策建议》，《宏观经济管理》2014 年第 3 期。

［152］ 高克州、王娟：《国内外个人数据保护的比较研究——以〈征信业管理条例〉为视角》，《征信》2013 年第 10 期。

［153］ 何远标、乐小虬、袁国华等：《基于日志的泛在个人数据同步方法研究》，《现代图书情报技术》2013 年第 10 期。

［154］ 陈周国、蒲石、祝世雄：《一种通用的互联网追踪溯源技术框架》，《计算机系统应用》2012 年第 9 期。

［155］ Kim Su Jin, et al. , *In － Time Transaction Accelerator Architecture for RDBMS*. In：Advanced Technologies，Embedded and Multimedia for Human － centric Computing：Springer；2014：329 － 334.

［156］ 洪海林：《个人信息财产化及其法律规制研究》，《四川大学学报》（哲学社会科学版）2006 年第 5 期。

［157］ C. Hoofnagle, J. Urban, S. Li. Privacy and Modern Advertising：Most US Internet Users Want 'Do Not Track' to Stop Collection of Data about their Online Activities，Amsterdam Privacy Conference，2012.

［158］ 刘洪滨、杜玲、姬红利：《面向网关版权保护的抗几何攻

击视频水印方法》，《计算机应用》2013 年第 12 期。

[159] Busby Ed, Hammoud Tawfik, Rose John 等：《个人数据改造下的市场生态系统》，《商学院》2013 年第 10 期。

[160] 杨崇蔚：《澳门特别行政区直销实践中的个人数据保护》（英文），*China Legal Science*，2013 年第 1 期。

[161] Ter Kah Leng, "Singapore's Personal Data Protection legislation: Business perspectives", *Computer Law & Security Review*, 2013, 29 (3): 264 – 273.

[162] 刘焕成：《网络隐私保护对策研究》，《情报科学》2003 年第 4 期。

[163] 贺栩栩：《比较法上的个人数据信息自决权》，《比较法研究》2013 年第 2 期。

[164] 黄镭：《论个人数据商业化利用的合法性和必要性》，《法制与社会》2013 年第 4 期。

[165] 黄镭：《开放平台个人数据的商业化利用与私法保护》，北京邮电大学硕士论文，2013。

[166] 王秀哲：《大数据时代身份证法律制度建构研究》，《江苏行政学院学报》2014 年第 1 期。

[167] 李昊、冯登国、张敏：《大数据安全与隐私保护》，《计算机学报》2014 年第 1 期。

[168] 骆正林：《网络隐私与法律保护》，《新闻知识》2002 年第 10 期。

后　记

本书的付梓是集体努力的成果，我非常感谢在成书过程中给我提供过帮助的每一个人。

本书是在国家自然科学基金和中国博士后科学基金资助之下完成并出版的，首先感谢国家自然科学基金委员会和中国博士后科学基金委员会的资助。

本书在清华大学从事博士后研究时初具雏形，进入北京市社会科学院后继续深耕细作，才最终定稿。在项目申报及研究期间，凝聚了诸多师长亲朋的鼓励和支持。在清华大学研究期间，课题组成员高常水博士、殷建立博士、赵惠硕士、魏秋利博士、李艺铭博士、夏羿硕士、高宏博士、罗红硕士做了大量的工作，包括资料收集、问卷调查、访谈、论文撰写等；合作导师蔡继明教授、许正中教授、王生升副教授、高淑娟教授进行了指导，提出了有价值的意见建议；经常与史会斌博士、熊金武博士、顾向明博士、彭波博士等一起交流探讨，让我获益匪浅。在北京社科院研究期间，梁昊光副研究员、陆小成副研究员、兰晓博士、方方博士、景俊梅博士给予了我很大的支持和帮助。

研究期间，以前的导师赵黎明教授、闫友兵教授以及师兄吴文清副教授也给予了很多指导和帮助，是他们引导我走上了科研之路。博士后进站之前，在工业和信息化部电子科学技术情报研究所工作，所领导、软件与信息服务研究部的领导和同事也给予了我很多帮助。在电子一所软件部的工作经历，使我进入了新的研究领域，并培养了我对这个领域的浓厚兴趣。在此，对他们表示感谢。

社会科学文献出版社的许秀江博士和刘宇轩女士都是非常优秀的编辑，不仅帮我编辑排版书稿，还帮我润色文字，提高可读性。

最后，感谢家人的关心和支持，尤其要感谢我的妻子尹菲菲。在书稿撰写过程中，她帮我做了很多编辑校对工作，懈怠之时敦促我别虚度光阴，急躁之时提醒我别敷衍了事。

图书在版编目（CIP）数据

大数据时代个人数据隐私规制 / 王忠著 . —北京：
社会科学文献出版社，2014.9
ISBN 978 - 7 - 5097 - 6244 - 8

Ⅰ.①大… Ⅱ.①王… Ⅲ.①隐私权 - 法律保护 -
研究 Ⅳ.①D913.04

中国版本图书馆 CIP 数据核字 （2014）第 154706 号

大数据时代个人数据隐私规制

著　　者 / 王　忠

出 版 人 / 谢寿光
出 版 者 / 社会科学文献出版社
地　　址 / 北京市西城区北三环中路甲 29 号院 3 号楼华龙大厦
邮政编码 / 100029

责任部门 / 经济与管理出版中心　　　　　责任编辑 / 王婧怡
　　　　　（010）59367226　　　　　　　　　　　　刘宇轩
电子信箱 / caijingbu@ ssap. cn　　　　　　责任校对 / 牛立明
项目统筹 / 恽　薇　　　　　　　　　　　责任印制 / 岳　阳
经　　销 / 社会科学文献出版社市场营销中心 (010)59367081　59367089
读者服务 / 读者服务中心 （010）59367028

印　　装 / 三河市东方印刷有限公司
开　　本 / 889mm×1194mm　1/32　　　　印　　张 / 7.25
版　　次 / 2014 年 9 月第 1 版　　　　　　字　　数 / 141 千字
印　　次 / 2014 年 9 月第 1 次印刷
书　　号 / ISBN 978 - 7 - 5097 - 6244 - 8
定　　价 / 45.00 元

本书如有破损、缺页、装订错误，请与本社读者服务中心联系更换
▲ 版权所有　翻印必究